所有問題，都是一場賽局

贏家邏輯

洞悉高勝算決策，
操縱與雙贏的策略思考

川西諭／著　高菱珞／譯

ゲーム理論の思考法

目次

第1章 合理的下一步是……？「囚犯困境」與「合理的豬」

第3章 知彼知己，百戰不殆——三種賽局，搞懂你的對手

第5章 人為什麼無法理性？——情感和賽局理論

〈前言〉

懂賽局就能提升問題解決能力

學習賽局理論對我有什麼幫助？這應該是拿起這本書的你，最想知道的吧！

本書的主旨，是讓讀者們學會賽局理論特有的「策略思考」。

不過，「賽局理論」到底是什麼？

簡單來說，賽局理論是「**分析二人以上的玩家，其決策和行動的理論**」。

這裡的「玩家」並不單指個人，企業、國家等各式各樣行使決策的主體，都可以是玩家。因此，全世界的商務人士，幾乎都將賽局理論當作在做生意時取得勝利的工具。

何謂賽局理論？

分析二人以上的玩家，其決策和行動的理論

玩家為「個人」

- 上司和部下間的人際關係
- 經營老客戶　etc.

玩家為「企業」

- 企業間的競爭
- 合併問題　etc.

玩家為「國家」

- 地球環境問題
- 貿易交涉　etc.

不過賽局理論的活用範圍不限於「獲勝」，它有更多的意義和目的。

在賽局理論中，將世界上的所有問題都當作「賽局」(game)處理。好比上司與部下間的關係、因為競爭者出現讓公司業績無法提升、地球環境問題、景氣好壞對於整體社會的影響、家庭問題等，可以說所有事情都能夠當作是一場「賽局」來看待。

雖然稱之為賽局，並不是要各位以「遊戲」的心態來看待問題。而是當你思考發生的問題，是**以什麼構造形成、被什麼樣的規則支配**，這整體樣貌才稱為「賽局」。

學習賽局理論，大致有以下三個目的：

一、掌握賽局構造（問題整體的樣貌）。

二、預測可能發生的未來。

三、找到適當的解決方案。

現在請你在腦中回想最近遇到的問題。

職場上的人際關係、和客戶的對應方式、部門管理、工作進展不如預期的順利、公司的經營戰略等，一定有各式各樣、不同程度的問題吧！

解決這些問題的時候，你知道最重要的是什麼嗎？

答案是**正確掌握發生問題的狀況**（賽局）。沒有掌握狀況的人，是找不到解決方案的。

用賽局理論的方式來說，**「理解賽局的構造」是最重要的**。

不論是上司和部下的問題，或是工作成果不如預期順利，如果不能俯瞰整體樣貌、理解賽局的構造，就無法找到真正的解決方案。

幾乎所有感覺工作和私人生活都不順利的人，都是因為沒找到正確的解決方案。理由很簡單，因為他們不了解賽局的構造。

你可以試著在不了解賽局構造的狀況下尋找最適當的解決方案看看，結果應該是找不到理想的答案。

很可惜的，絕大多數的人都反覆在這個迴圈裡。說不定你也是其中一個。想打破這種狀況，能夠給你最大幫助的，就是學習「賽局理論」：

一、如何釐清賽局（問題）的結構，更加理解正確狀況？

二、從這個賽局的構造，能預測未來可能的發展狀況嗎？

三、改善賽局的某個部分後，問題就能迎刃而解？

只要學習賽局理論，就能看見這些問題的真正樣貌。

以結論來說，即為**提升了問題解決能力**。

這樣說可能讓你覺得不安，或許心中會暗自懷疑是不是得學習一個非常困難的理論，但你完全不用擔心。

只要學習賽局理論，就能獲得三種能力

❶ 正確理解狀況的能力

❷ 預測下個狀況（未來）的能力

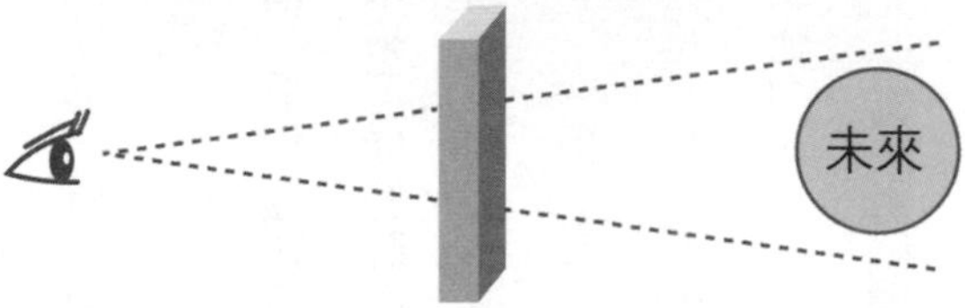

❸ 改善狀況的問題解決力

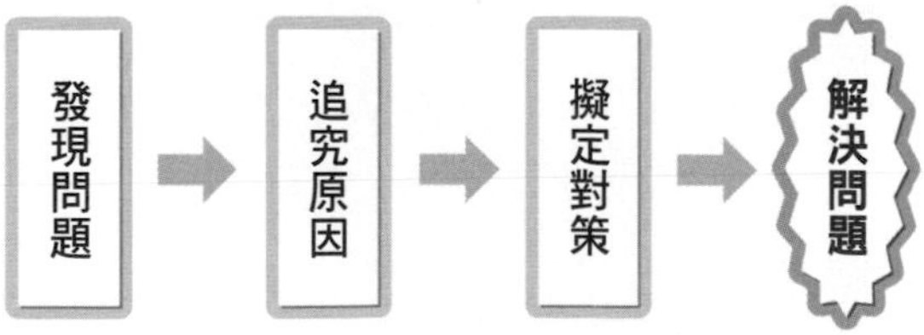

本書不長篇大論的論述賽局理論的由來，也沒有令人頭痛的數學算式，而是以賽局理論中的幾個代表性賽局為主軸，讓讀者們能輕鬆的學會賽局理論的基礎知識，和其中的邏輯思考方式。

讀者們可一邊在閱讀時注意前面提過的「學習賽局理論的三個目的」（掌握賽局構造、預測可能發生的未來、找到適當的解決方案），一邊自然的學會賽局理論思考法。

「這個問題是從哪個賽局構造來的？」

「接下來會怎麼發展？」

「改變哪個地方能解決？」

經常對自己提出這些疑問，並仔細思考本書提出的幾個事例和賽局。

讀完本書後，實際遇上問題時，應該就會用和以前完全不同的方式找到解決辦法。

如果你並非要成為經濟領域的專門學者，就不用閱讀和賽局理論相關的艱澀專門書籍。

你要做的是先看完這本書，學習賽局理論的基礎，同時理解那些技巧該如何運用到生活中。

想要藉由賽局理論提升思考力與問題解決能力，首先就是要把學習賽局理論的三個目的牢記在心，只要記住這三個目的，一定能大大增強自己的能力。

接下來，請好好探究賽局理論這個實用又博大精深的世界吧。

川西 諭

序章

用賽局來思考，培養解決問題的「三種能力」！

PROLOGUE

所有問題，都是一場賽局！

賽局理論是什麼？

對於這個問題，若用一句話來簡單說明，就是「**用賽局的形式，描述複數主體間發生利害關係的方法**」。

「主體」這樣的說法很抽象，但不用把它想得太難。**人、動物、公司、團體、社會等，只要是為了自身利益而行動的所有事物都能稱為「主體」**。

好比你和公司之間的問題，當然也是賽局理論的範圍，其中有「你」和「公司」這樣的複數主體，各自為了各自的利益而行動。你為了自己（或家人）工作，公司也為了自身的利益運作。

這就是複數主體間發生的利害關係。

環顧四周，你一定也能看到許多這樣的問題吧！你和上司、合作對象或者顧客之間發生的問題，都屬於「複數主體間發生的利害關係」。

企業間的競爭問題、個人和土地的問題、國家間的國際問題等，這些全都是可用賽局理論討論的對象。事實上，有學者使用賽局理論著手處理全球性的環境問題，也有研究員打算以此解決國際紛爭。

換句話說，只要存在複數主體，實際發生的問題、課題、現象全都是賽局理論可應用的對象。

賽局理論能幫你簡化問題、解決問題

賽局理論誕生於一九二八年，由匈牙利數學家馮紐曼（John von Neumann）提出，而後廣傳世界。

這大約是八十年前的事，和文學、哲學、數學、科學、物理學、經濟學等其他各領域的學問相比，賽局理論是最近才開始起步的學問。

但在現代，如果想取得歐美的MBA學位，就非得了解賽局理論不可，就連日本也有許多商業人士學習，並活用在工作上。我是學經濟學的，如今全世界的經濟學者都認為如果想要正確的解釋當前的經濟活動，就必須了解賽局理論，我也是這麼想的。

出現還不滿一百年的年輕學問，為什麼如此急速的普及、讓全世界都認為它很重要？

其中一個理由就是它的涵蓋範圍對象之廣。

就像前面已經提過的，**賽局理論能應用到各式各樣的情況。現在，你所遇到的任何問題，也不例外的就是賽局理論的應用對象**。

另一個理由就是，它能以非常簡單的形式，來描述問題。

世界上發生的絕大部分問題都是很複雜的，有些是真的很複雜，也有些是由於各種因素交錯，導致我們不知道問題的真正起源。

但不管是哪一種，只要整理狀況、概觀整體之後，問題的本質就會清清楚楚的浮現。如此一來便能讓你對問題有更深刻的理解，也能更有效率的找

賽局理論的應用範圍

複數主體間發生的利害關係

↓

經濟
- 市場競爭
- 貿易摩擦
- 金融危機

經營
- M&A（併購）
- 組織管理
- 勞資協定

政治
- 政黨合作
- 政治家和官僚
- 投票行為

社會
- 環境問題
- 家族問題
- 都市問題

到解決方式。

你現在面臨的、認為無法解決的問題也不會例外。

透過正確的技術整理狀況、觀察整體，就能看見過去沒發現的問題構造。

跟上司談加薪、要福利，也是一種「賽局」

GAME通常是指「遊戲」或「運動比賽」，而賽局理論的GAME則是更廣義的使用這個單字。

將事物發生的狀況稱為賽局，理解其中構造是賽局理論的其中一個目的。整理各個主體（例如自己和對手）可能發生的選項，有邏輯的導出可能的行動選擇。

舉例來說，你不滿公司給你的待遇，但卻困擾是要選擇和上司交涉，還是忍耐現狀。

談加薪、要福利，也是一種賽局

● 狀況
對公司待遇不滿意的你，是要和上司爭取，
或是忍受現狀？

你

❶ 提出改善待遇的要求

❷ 忍耐

上司

❶ 接受

❷ 拒絕

考慮對方的處理方式或態度，
做出客觀且有邏輯的判斷。

這個狀況，就可以當成是一種「賽局」。

在這個賽局中，你必須判斷「為了提高自己的利益而交涉」或是「忍耐現狀」。

交涉後如果情況得到改善，你的利益自然就提高了。

但是，這個交涉也可能讓你和上司的關係惡化，工作變得更難做，一點好處也沒有。你可能被當成棘手的「麻煩製造者」，然後被調到待遇更不好的職務，這樣的話就完全是反效果了。

大部分的人都會在這個階段不停的煩惱，整天嘆息著該怎麼做才好，然後在「與其什麼都不做而後悔，不如做了再懊惱」這樣的心情下行動。

就算你徵求其他人的意見，但是這些行動的好壞，其他人是不容易做出判斷的。

因為這本書的主旨是賽局理論的思考法，所以我將用這樣的角度，來探討你能採取什麼行動。

首先，第一步就是「**檢查每個選項，理解賽局的整體構造**」。

運用賽局理論，預測對手的行動

只專注在自己的立場上，是無法看清楚賽局整體構造的，你想著「要守護自己的利益」，而你的上司也想著同樣的事。

若不公平的思考雙方的情況，就無法縱觀賽局。

我們來看看上司的選項。上司接收到你想要改善待遇的要求，然後得出「接受」或「拒絕」二個選項。接受的話能讓你的工作意願提高，但這樣將墊高公司的人事成本。另一方面，拒絕的話能迴避成本增加的問題，卻會讓你工作意願低落，說不定你還會因此辭職。

我們來將雙方的選項簡單做個整理。

你　↓　一、提出改善待遇的請求。

　　　　二、忍耐，不提出請求。

上司　↓　一、接受你的請求。

　　　　二、拒絕你的請求。

接下來，關於具體上該如何整理會從下一章開始詳細說明，賽局理論將合理的檢驗每個人（賽局中的主體）擁有的選項以及每個選項所導致的結果。

檢驗結果，若是得出上司會「接受」，那麼你就不需要猶豫，可以提出改善待遇的要求。相反的，上司如果選擇「拒絕」，你應該選擇的就是「忍耐」了。

這是一個一旦了解「對方的選擇」，就能看見對自己而言最有利的行動的機制。

當然，就實際狀況來說，也能再考慮其他選擇。

如果能預先設想上司拒絕的理由，也許就能設法讓那個理由不成立，或是提出其他的折衷條件，或者「如果我提高了○○成果，就讓我有△△的待遇（薪水）」這樣的條件交換也是其中一種方式，有各式各樣的選項。

就算沒辦法即刻改善待遇，只要能得到改善的承諾，就算前進了一大步，如此也能提升工作動力。

因為整理了問題、理解了賽局的構造，才能導出最合適的解決方案（至少也能讓思考的品質提升，幫助你做出更好的判斷）。如果之後產生全新的選項，只要仔細追查根源，也能發現是因為賽局理論的影響而衍生。

如果沒有賽局理論的知識相輔，說不定就會在原本狹窄的視線下，只用一時的情感做出決定，或是看不清自己身處的狀況（環境），只是選擇了一個對你來說較不費力的選項。

不管是哪個，都不算是做出最合適的判斷。

「要和上司說，或是不和他說」，就算是這種生活中的小判斷，是否懂得

賽局理論的思考方式，也會讓結果有很大的不同。

賽局理論，職場A咖的成功法寶

對已經些許理解賽局理論的人來說，在某個突發狀況發生前，就能仔細審視自己和對方的行動選項，並掌握賽局的構造。如果能養成這個冷靜又有邏輯的習慣，在許多商務場合中都能起到作用。

除了上司和部下這種個人之間的關係，部門全體的問題、需要高度經營判斷的場合等，賽局理論都能發揮效果。在狀況漸趨複雜、整理能力愈加必要的狀況下，掌握賽局整體構造的能力，就愈發重要。

從事企管顧問工作的人，幾乎沒有人沒學過賽局理論，就是這個原因。顧問的工作是掌握顧客的問題，給予適當的解決方案。對他們來說，運用賽局理論來思考，是非常自然的事。因為賽局理論就是要正確掌握問題的構造，並提出有效解決方案的優秀工具。

當然，對於其他職業也能發揮極大的效力。無論是總務、會計和人事等行政部門、業務或企畫等業務部門、統籌部門或是團隊的管理部門等，都能將賽局理論的思考法活用在工作上。

現實生活中不管在任何場合，其實都存在「複數主體」，而且每個主體都為了自己的利益行動。

因為如此，不僅讓賽局理論受到關注，對商業人士來說也成為必修技能。

透過賽局思考，當個「合理的傻瓜」

有許多人認為，賽局理論就是以「勝過對手」為目的的勝負策略論。確實，只要存在複數個主體，就會有許多狀況顯示其中一個主體得到勝利。在「自己VS.對手」的賽局構造下，勝過對方就是最重要的目的。

賽局理論入門書中非常有名的《策略思維：商界、政界及日常生活中的策略競爭》一書中，開頭便闡明「所謂策略性思考，就是在知道對方將超越自己的情況下，設法再度超越對方的技術」。

本書為了讓賽局理論更為淺顯易懂，也會多次出現以「如何才能勝過對方」或「該怎麼做才能保護自己的利益」為基礎的思考案例。

但是實際上，**貼近現實社會的賽局理論並不會單純只以「勝過對方」為目的**。我反而認為，**要超越狡黠的對手，當個「合理的傻瓜」，才是賽局理論要教給我們的學問**。

不只是狹義的「超越對方」，舉凡活絡停滯無生氣的組織、讓雙方做出更好的選擇，這些都是賽局理論可應用的地方。交錯著各自利益和思慮的複雜性下，該如何建立「**雙贏**」的關係呢？我認為，要解決現代社會面對的問題，這個過程是很重要的。

透過協調，讓身為「玩家」的雙方找到更好的選項，也是賽局理論的重

要目的。

例如全球規模等級的環境問題好了。

為了保護地球環境，我們制定了二氧化碳的排放量。這比起未受規定、自由排放來說，當然更需要技術、成本負擔也更大。

但假設有某個國家主張「我國不會對二氧化碳排放量訂出規範！」，打算保護自己國家的產業。

和其他國家相比，某國的經濟活動較為有利，呈現「勝過對手」的狀態。但是，只要該國持續這個行為，不只會損害地球環境，還可能遭受世界各國的經濟制裁，不管結果如何都會對某國帶來傷害。

如果把地球的環境問題看作一個大型賽局，整理狀況後就會發現，這個賽局的構造無法以「特定的某人得勝」這種單純的想法解決。

不限於地球環境問題，景氣或雇用的問題、職場生產力無法提高的問題、家人或夫妻問題等，許多問題都必須透過**協調**，而非敵對才有辦法解決。

透過賽局理論思考環境問題

實例

為了保護地球環境，規範了二氧化碳的排放量。
當然，這對技術和成本也造成相當的負擔。

✕

某國擅自主張「本國不規定二氧化碳排放量」，保護自己國家的產業。	➡	對某國來說，這將能產生有利的經濟活動，但不久後就會遭世界經濟孤立。

○

捨棄這種只有一國會有損失或一國會得利的想法，開始思考如何互相合作。	➡	討論後決定排放量的指標，並遵照辦理。

只要妥善運用賽局理論，
就能導出像這樣的務實解決方案。

該敵對，或是協調？

本來，在同樣的競爭條件下，為了保護自家公司的利益，嚴守公司機密是理所當然的事。

但是企業的高度機密在持續過度保護之下，也有可能在競爭時對身為玩家的企業雙方造成損失。

為了得到市場占有率而採取價格割喉戰的結果，可能導致雙方幾乎沒有利潤，或是因為A公司和B公司的產品沒有相容性，所以總使用者人數無法增加，引發敵對關係等諸多問題。檢視各企業所處立場和市場狀況後將發現，協調比敵對更能擴大雙方利益，而這也就是這個賽局的結構。

其實，就算原本是敵對關係，也有許多例子顯示進入某個時期後，玩家就會轉變成協調關係。

例如微軟公司和蘋果公司，或是手機廠商的市占率大戰就是這個典型。

大約十五年前，以微軟的作業軟體製作的文件，用蘋果電腦其實是打不開的。因為缺乏相容性，所以如果想要順暢進行作業，消費者只能選擇單一作業系統。

然而，這樣的舉動卻對擁有電腦的便利性造成損害，不管是對微軟公司或蘋果公司來說都是弊大於利。

而後微軟公司的「Office」（文書製作、表單計算等的軟體）因為擁有相容性，在蘋果電腦上也可使用。

另一方面，蘋果的「iPod」也能在微軟作業系統使用，獲得隨身型音樂播放器爆炸式的占有率。如果，「iPod」只能和蘋果系統連接，可能就無法增加那麼多的使用者了吧。

日本的手機市場也有同樣的狀況，電子郵件中使用的表情符號，在不同公司的機種也能顯示，透過紅外線即可交換郵件地址等相容性提高。像這樣提高使用者的便利性，結果就是讓雙方的利益都獲得提升。

一開始激烈的互相發動攻擊，而後開始協調合作的實例，在現實社會其實很容易就觀察得到。當然，也有徹底戰鬥到淘汰一方為止的模式，這是將利益放一邊，也要奪得市場占有率的策略。

先不管這個策略的正確與否，錄影帶的大帶ＶＨＳ與小帶beta戰爭[1]可是非常有名的。在家庭錄影帶普及的一九八〇年代，二者激烈爭奪能夠被留下的規格生存權。

結果，ＶＨＳ贏了，但這個領域的技術也與日俱進，這樣的競爭自然也會反覆出現。「Blu-ray藍光光碟和HD DVD」的競爭是比較新的代表，二〇〇八年二月，東芝「HD DVD」決定退出，讓「Blu-ray藍光光碟」得到最後勝利，也是個大話題。

1. ＶＨＳ為一般常見的標準家庭錄影帶格式，由日本JVC公司於一九七六年發表。一九七五年，SONY發表betamax錄影帶格式，簡稱beta。八〇年代二者的市場占有率相當，各有支持者，但後來beta出局的主因為資料儲存不如ＶＨＳ，倒帶速度慢，價格也比較高，於是ＶＨＳ勝出。

微軟公司和蘋果公司的策略

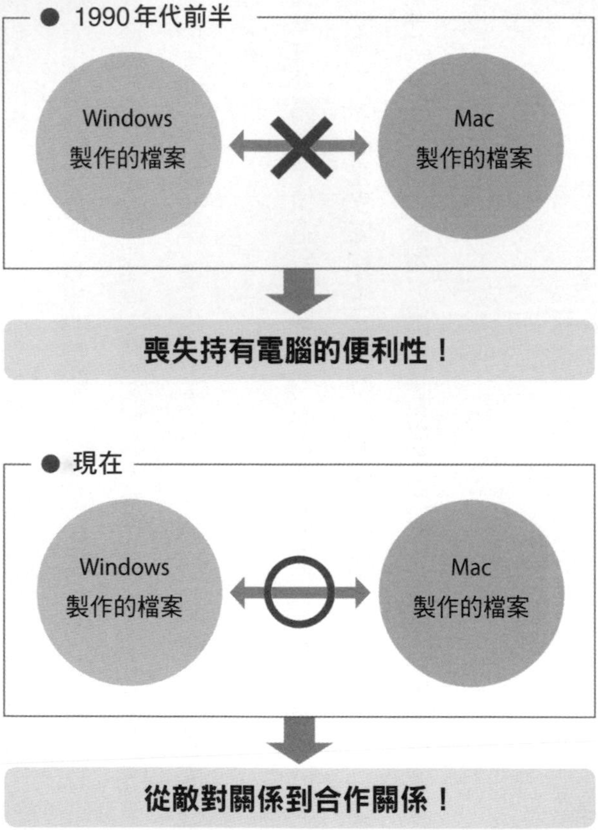

學習賽局理論的三大目的

「要繼續作戰或是撤退」、「要持續敵對關係或是變成互相合作」，這是企業常面臨的困難決斷，必須慎重考慮「對我們來說，真正有利的行動到底是什麼」。

在這種時候，賽局理論就能起到很大的作用。賽局理論認為，所有事物都是由「**參加賽局的玩家**」和「**支配賽局的規則**」所構成。

玩家是人或公司、國家都沒關係，只要有二人（二個）以上的玩家參加，賽局即可成立。如果是自己正在面對的問題，玩家的構成就會是「自己和對手」。

玩家是誰？賽局又是由什麼樣的規則所支配？這就是賽局理論的基本思考法，透過這個想法，就能看出賽局的整體樣貌（發生的狀況）。

但**人往往不會選擇「最適合自己的選項」**。

最大的原因，就是正因為自己是玩家，所以視野會變得狹隘。不管是足球或橄欖球，為了找到有效空間，從空中俯看是最好的。畢竟在球場上打球的球員，通常是看不見球場整體情況的。

參與賽局的玩家，通常只用自己眼前所見的事物來思考。所以別說是要預測對手的思考和行動、釐清賽局的規則是什麼等，基本上光要掌握賽局的整體構造就不容易。可以說所有問題，幾乎是一樣的狀況。

因此，即使是你確信「對自己有利」的行動，實際上也會發生造成你巨大損失的狀況。因為你根本沒注意到「比現在更好的選項」。

足球選手常常無法在最適合的空間傳球就是如此，從上空來看，即使知道「往右手邊長傳」是最好的選擇，但球場上的球員不會知道。

要得到這個從上空俯瞰的「視野」，就要靠賽局理論。前面已經說到，我認為**學習賽局理論有三大目的（也是可以令你獲得的三種能力）**：

一、掌握賽局（問題）的整體樣貌（分析能力）。

二、預測即將發生的未來（預測能力）。

三、找到適當的解決方法（問題解決能力）。

只要看懂賽局構造，就能得出對雙方而言最好的選項。反過來說，各玩家的行動若是「對雙方而言並非最佳選擇」也能馬上發現。

從下一章開始，我將詳細說明人（企業或國家、地區）就是會瘋狂做出「對雙方而言都非最佳行動」的選擇。

了解這點之後，你可能會想「那就做最佳選擇不就好了」，但事情可沒這麼單純。有時是刻意選擇「次佳行動」方案，這也可能是賽局的結果之一。

賽局理論的基本思考法

不使用賽局理論

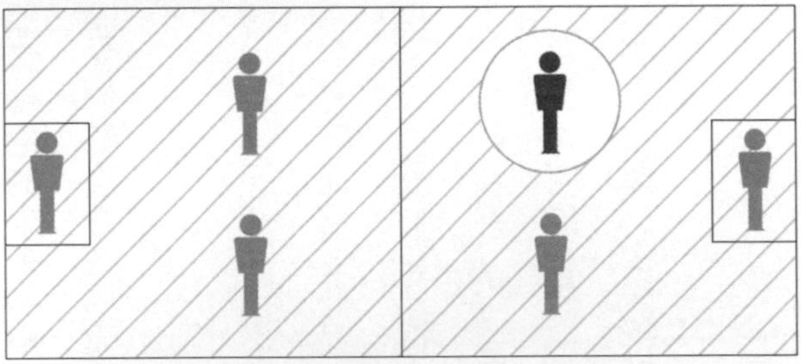

➡ 只在自己目光所及之處思考事情。

活用賽局理論

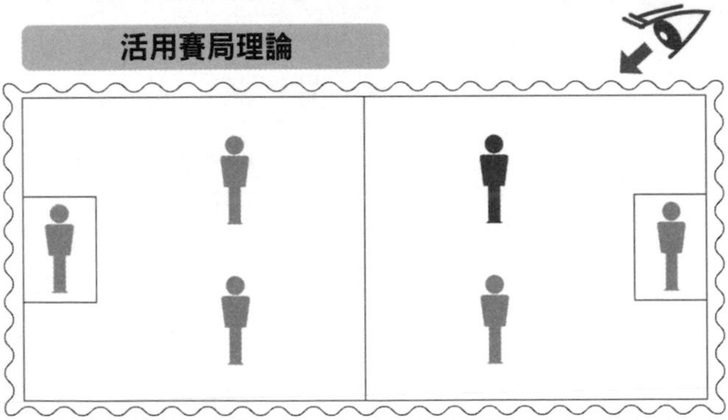

➡ 能夠縱觀全場，客觀思考。

贏不了的賽局，就改變「規則」吧！

要保護地球環境，我們都知道要減少二氧化碳的排放量。但是，只要各個國家、企業或個人將自己的利益放在最優先，儘管會大量排放二氧化碳，卻有利於事業的開展。

長期來看，即使對雙方都有不利影響，但要現在就改變行動並不容易。因為這裡的賽局構造是——「排放二氧化碳等於對經濟有利」，所以要減少二氧化碳的排放量，就必須投資相應的設備。因為存在著對目前經濟的不利，而無法將目光放到長期利益之上。

為了解決地球的環境問題，許多人正努力改變人們的意識。喚起人們環保意識的活動非常重要。

但是，站在理解賽局理論的經濟學者立場，還必須想想其他的方法。

也就是改變「排放二氧化碳等於對經濟有利」的賽局。

換句話說，就是要**改變支配賽局的規則**。例如，對二氧化碳排放量多的人（國家、企業）給與經濟上的罰則；排放量少的人（國家、企業）給與優惠措施如何？至少要改變「排放二氧化碳等於對經濟有利」的賽局構造。環境稅和碳排放權就是因應這個想法產生的制度。

用狹窄的視野看事情，只注意眼前利益的狀態是無法得出解決方法的。如同地球環境問題，需要世界各國做出同樣思考和行動，以邁向解決之道的困難問題還有很多。

這個話題的規模是有點大，比起環境問題，應該有許多人更煩惱與自身相關的問題吧！雖然是身邊的問題，但也不是那麼容易解決的。和上司的關係、工作上的問題等，也許對別人來說沒有什麼大不了，但也有人會因為「光靠自己的力量什麼也做不了」而苦惱。

對於這樣的人，我強烈建議就從今天開始，好好學習賽局理論。只要注意參與的玩家和規則、掌握賽局整體構造，就能看到適當的解決方案。

第1章

合理的下一步是……？
「囚犯困境」與「合理的豬」

CHAPTER 1

賽局理論的基礎：囚犯困境

要學習賽局理論，最先應該知道的就是「囚犯困境」這個非常有名且具有代表性的賽局構造。

有二個強盜（A和B）被逮捕了，但因為能確認犯罪的證據不足，警察便將A和B各關入一間房，並進行接下來的誘問（對A和B提出一樣的條件）。

一、A認罪，B保持沉默，則A無罪（B判刑三年）。
二、A保持沉默，B認罪，則B無罪（A判刑三年）。
三、A和B二人都認罪，則二人都各判刑二年。
四、A和B二人都保持沉默，則二人都各判刑一年。

以「2×2表格」呈現賽局構造

要分析囚犯間的利害關係，可透過賽局理論將所有可能發生的狀況，用如第四十六頁的表格整理。在囚犯困境中有囚犯A和B二個玩家，二人各擁有二種選擇（沉默或認罪），因此可能發生的狀況共有四種（二二得四）。

填入數字的四個格子就表示可能發生的四種狀況，上排是囚犯A沉默的狀況；下排是囚犯A認罪的狀況。而左右二列則分別表示囚犯B的選擇（左列為沉默，右列為認罪），例如囚犯A選擇「認罪」，囚犯B選擇「沉默」時，對應的就是表格中的左下格。

這個表格的特徵是，每一格都填入二個數字。左側的數字（黑）表示囚犯A的利益，右側的數字（紅）表示囚犯B的利益。像這樣透過數字來表現利益，就能明確表現對二個囚犯而言，怎樣的狀況是對自己更好的。在賽局理論的分析中，這可是最重要的步驟。

以「2 × 2表格」解釋囚犯困境

囚犯B（選擇認罪或保持沉默）

囚犯A（選擇認罪或保持沉默）

	沉 默	認 罪
沉 默	−1, −1	−3, 0
認 罪	0, −3	−2, −2

左側為囚犯A的狀況　右側為囚犯B的狀況

假設囚犯A選擇「認罪」，
而囚犯B選擇「沉默」……

囚犯B

囚犯A

	沉 默	認 罪
沉 默	−1, −1	−3, 0
認 罪	0, −3	−2, −2

囚犯A無罪（0），
而囚犯B判刑三年（−3）

站在自己的立場，或是對方的立場後，適當的用數字表現利害得失是必須的。不知道正確的數字也沒有關係，只要能清楚分別所有可能發生的狀況優劣就夠了。

在這個狀況中，因發生狀況的不同，處刑年限也跟著改變。對囚犯來說，處刑年限愈少自然愈好，所以表格中表示無罪的數字是「0」，要被判刑的話則依年限分別以「–1」、「–2」、「–3」表示。當然，這些數字中最好的結果就是「0」（無罪）了。

到這裡都是「正確理解賽局構造」的步驟。

不懂賽局理論的人，可能會陷入「認罪」或「沉默」的二分法選擇，但是**賽局理論還會考慮到對方的立場**，因此俯瞰整體賽局構造後會得到四種狀況的選擇。

透過這樣的順序掌握賽局整體構造，在賽局理論中是非常重要的事。

現在，假設你是囚犯A，你會怎麼思考、做出什麼樣的行動呢？

這裡的重點是「不知道對方會做出什麼行動」，你可能會因為「不知道對方的行動就無法前進」而煩惱，但賽局理論就是**在不迷惘的狀況下，配合對方的選擇做出最好的行動開始的。**

從囚犯A的觀點思考

一、囚犯B認罪的狀況

假設囚犯B認罪，如果你（囚犯A）也一起認罪的話就得到「判刑二年」（−2）的結果，沉默的話得到「判刑三年」（−3）的結果。

囚犯B認罪的情況下　囚犯A認罪　↓判刑二年

囚犯A沉默　↓判刑三年

在這個狀況下，沒有人會對判斷疑惑。因為是「判刑二年」和「判刑三年」的比較，所以可以毫不考慮就選擇「判刑二年」。**如果對方（囚犯B）選擇認罪，你（囚犯A）應該做出的行動就是「認罪」**。

二、囚犯B沉默的狀況

假設囚犯B保持沉默，你認罪的話就得到「無罪」（0）的結果，沉默的話得到「判刑一年」（–1）的結果。

囚犯B沉默的情況下

囚犯A認罪　↓無罪

囚犯A沉默　↓判刑一年

在這個狀況下，**你（囚犯A）也應該選擇認罪**。認罪的結果是無罪，選擇沉默的話要判刑一年，沒有什麼好考慮的。

掌握賽局構造，就知道對自己最有利的行動

換句話說，不論囚犯B選擇認罪或是沉默，你（囚犯A）都知道選擇認罪是對你最有利的。

但站在囚犯B的立場也一樣，不管你選擇做出什麼樣的行動，囚犯B也是選擇認罪最有利。

經過這樣的思考，可以得出應用賽局理論來預測囚犯A和囚犯B的行動，「二人應該都會認罪吧」，而且這個預測應該要成立。

這就是著名的賽局——「囚犯困境」。

首先，請你習慣邏輯性思考以及掌握賽局構造。

從囚犯A的觀點思考賽局

囚犯B認罪的情況

❶ 囚犯A認罪 → 判刑2年

❷ 囚犯A沉默 → 判刑3年

➡ 囚犯A應該做出的行動是「認罪」

囚犯B沉默的情況

❶ 囚犯A認罪 → 無罪

❷ 囚犯A沉默 → 判刑1年

➡ 囚犯A應該做出的行動是「認罪」

不管遇到那種情況，囚犯A應該做出的行動都是「認罪」

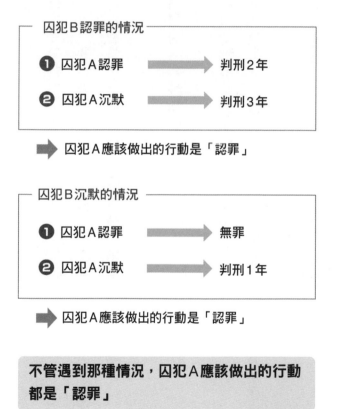

有囚犯A和B二個玩家，思考賽局被什麼樣的規則支配，然後決定行動，或是預測對方的行動。

這就是賽局理論的基礎模式。

如果只以自己的立場來思考事情，就無法正確掌握賽局的構造，**必須連對方的思考和行動也確實考慮進去，並配合規則來思考**。

握有賽局關鍵的「奈許均衡」

如果你能將遇到的狀況寫成賽局（例如第四十六頁的2×2表格），下一步就是思考「發生了什麼事」。預測各玩家會選擇什麼行動，會發生什麼樣的狀況。

要得到這個答案，最重要的線索就是「奈許均衡」（Nash equilibrium）。

奈許均衡，簡單來說就是「**做出對雙方而言最好舉動的狀態**」（以「囚犯困境」來說，就是雙方都「認罪」）。

「奈許均衡」是因為諾貝爾經濟學獎得主、美國數學家奈許（John F. Nash）的提出而命名，附帶一提，電影《美麗境界》（A Beautiful Mind）就是在描述他波瀾壯闊的人生。

學者們認為，只要有了賽局構造，勢必能從中選出奈許均衡。因為**如果不是處在奈許均衡的狀態，就是有人選擇了並非最好的行動，而這個狀態並不能持續**。

如果某個狀態保持穩定（奈許均衡），應該是雙方都做出了對二者來說最好的行動，才能保有這個狀態。

「囚犯困境的賽局中，雙方都認罪」這樣的選擇，就是因為「雙方選擇認罪的狀態」，是這個賽局中唯一的奈許均衡。

在賽局理論中，思考奈許均衡在哪裡，是非常重要的事。**懂得奈許均衡，就能合理推測接下來會發生的狀況**（例如囚犯A和囚犯B都會認罪）。

雖然預測內容不可能百分之百命中，但是最合理的選項，也會和接下來的情勢走向相去不遠。

為了讓各位讀者們習慣賽局理論的思考模式，我們再來想想別的賽局吧！

「合理的豬」賽局

請看下頁的圖，這個賽局中，大小二隻豬各有二個選擇，組合之後得出四個選項。

一、小豬拉霸，大豬待在飼料場

這種狀況時，全部的飼料都會被大豬吃完。如果大豬的滿足度是「5」，則小豬的滿足度是「–1」。因為小豬特地走到柵欄左側去拉霸，卻一點飼料也

何謂「合理的豬」？

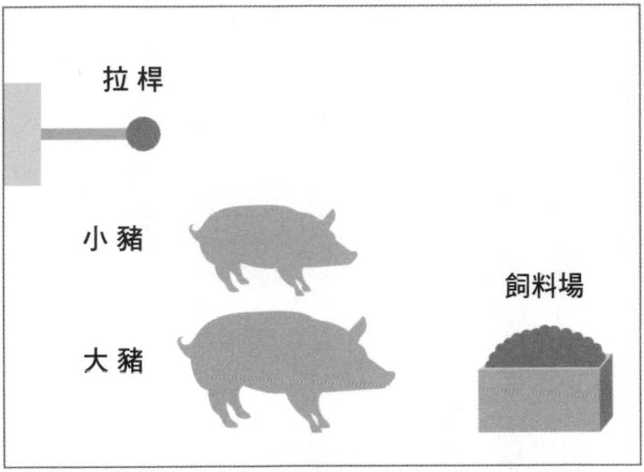

柵欄裡有大、小二隻豬。
柵欄的右側是飼料場，左側有個拉桿。
走到左側去拉桿後，右側的飼料場就會有飼料投入。
小豬跑得很快，所以大豬來到飼料場時，飼料已經所剩無幾了。
大小二豬都各有「拉霸」和「在飼料場等待」二個選項。
二隻豬各會採取什麼樣的行動？

吃不到，所以小豬滿足度是負的。

二、小豬待在飼料場，大豬拉霸

在這種狀況，從飼料投入，到大豬回到飼料場時，小豬都可以吃。而回到飼料場的大豬還是能和小豬一起吃，所以小豬的滿足度是「2」，大豬的滿足度是「3」。

三、大小二隻豬都在飼料場等待

在這個狀況下，飼料不會投入。因為沒有出現拉霸這個勞動行為（負），也沒有得到任何東西，所以二者的滿足度都是「0」。

四、大小豬都去拉霸，拉霸後再走回飼料場

在這個狀況中，小豬會先回到飼料場，為數不多卻也能吃到一些飼料。

以「2 × 2」表格，表示「合理的豬」賽局

❶ 小豬拉霸，大豬待在飼料場
小豬……−1　大豬……5

❷ 小豬待在飼料場，大豬拉霸
小豬…… 2　大豬……3

❸ 大小二隻豬都在飼料場等待
小豬…… 0　大豬……0

❹ 大小豬都去拉霸，拉霸後再走回飼料場
小豬…… 1　大豬……4

大豬

小豬		拉霸	等待
小豬	拉霸	1, 4	−1, 5
小豬	等待	2, 3	0, 0

但不久後大豬也回到飼料場，會吃掉多數飼料。因此，小豬的滿足度「1」，大豬的滿足度「4」。

接下來照著前面敘述的資料，製作一個二乘二的表格，有畫出一個像第五十七頁的表格嗎？畫好的話，我們就可以進入下一個步驟。

找到「奈許均衡」的方法

你能預測出「合理的豬」賽局的結果嗎？賽局理論是預測奈許均衡最好的方式，只要將方格內的數字加上圓圈，就能非常容易的找到奈許均衡。接下來，請依照下面的規則加上圓圈。

配合對方的反應，在能得到最大利益的數字加上圓圈。

首先，站在小豬的立場思考。假設大豬去拉霸，則小豬也去拉霸所得到的滿足度為「1」；在飼料場等待的滿足度為「2」。

大豬拉霸　小豬拉霸　↓滿足度「1」
　　　　　小豬在飼料場等待　↓滿足度「2」

在這個時候，因為「2」比「1」有更大的利益，所以將表中的「2」加上圓圈。也就是說，**如果大豬去拉霸，小豬在飼料場前等待是比較有利的**。

那麼，大豬在飼料場前等待的情況又是如何呢？

對小豬來說，自己去拉霸所得到的滿足度為「–1」；在飼料場前等待則為「0」。

大豬在飼料場等待　小豬拉霸　↓滿足度「–1」
　　　　　　　　　小豬在飼料場等待　↓滿足度「0」

因為「0」比「-1」有更大的利益，所以將表中的「0」加上圓圈。因此，**假設大豬在飼料場等待，小豬還是在飼料場等待比較有利**。雖然無法得到正的滿足度，至少可以避免負的滿足度出現。

換句話說，不管大豬做什麼行動，對小豬來說在飼料場等待才是合宜的選擇。

接下來換站在大豬的立場思考。

如果小豬去拉霸，則大豬「在飼料場等待」是再好也不過的了。

小豬拉霸　大豬拉霸　→滿足度「4」

　　　　　大豬在飼料場等待　→滿足度「5」

「等待」的利益「5」，比「拉霸」的利益「4」來得大，就在「5」的地方加上圓圈。

如果小豬在飼料場等待，則大豬拉霸的滿足度為「3」，在飼料場等待的滿足度為「0」。

小豬在飼料場等待　　大豬拉霸　　　　　→滿足度「3」
　　　　　　　　　　大豬在飼料場等待　→滿足度「0」

從以上的分析，我們可以知道大豬拉霸的話，可以得到比較高的滿足度，而且因為「3」比「0」更有利，所以將「3」畫上圓圈。另一方面，雖然讓在飼料場等待的小豬得到滿足度「2」的飼料，但比起二隻豬都在飼料場忍耐，讓小豬也有得吃是比較有利的選擇。這樣一來，加上圓圈的步驟就結束了。現在，找出方格內的二個數字中，二個都有加上圓圈的數字。

左下方格（小豬是「等待」，大豬是「拉霸」）的二個數字「2」和「3」

在得到最大利益的選擇上畫圈

站在小豬的立場思考

● 大豬選擇「拉霸」

大豬

小豬	拉霸	等待
拉霸	1，4	−1，5
等待	2，3	0，0

小豬選擇「等待」是合理的

● 大豬選擇「等待」

大豬

小豬	拉霸	等待
拉霸	1，4	−1，5
等待	2，3	0，0

小豬選擇「等待」是合理的

站在大豬的立場思考

● 小豬選擇「拉霸」

大豬

小豬	拉霸	等待
拉霸	1，4	−1，5
等待	2，3	0，0

大豬選擇「等待」是合理的

● 小豬選擇「等待」

大豬

小豬	拉霸	等待
拉霸	1，4	−1，5
等待	2，3	0，0

大豬選擇「拉霸」是合理的

整理之後

大豬

小豬	拉霸	等待
拉霸	1，4	−1，5
等待	2，3	0，0

結論：小豬「等待」而大豬「拉霸」是奈許均衡！

都加上了圓圈，這個就是「奈許均衡」。

換言之，「小豬在飼料場等待，大豬去拉霸」的組合，是可能發生的最佳狀況，以數字來表示滿足度的話就是「小豬二」和「大豬三」。

如果是理解賽局理論的人，在豬隻做出實際行動前就能預期產生這樣的結果。

不覺得這其實是很有邏輯，又很有說服力的想法嗎？

如果大豬或小豬找你商量這件事，就請你告訴牠們應該採取的行動吧！二隻豬應該都會認同的。

使用下頁的例子，來練習透過「2×2」表格找出奈許均衡。

提示：得到奈許均衡的答案，不只一個。前面提到的「合理的豬」賽局，若只當它是豬的故事，則賽局理論就無法對商業行為有任何幫助。但其實不

找出奈許均衡的練習問題

Q1 囚犯困境

囚犯B

囚犯A	沉默	認罪
沉默	−1, −1	−3, 0
認罪	0, −3	−2, −2

Q2 協調賽局

A的朋友

A	beta	VHS
beta	8，8	4，3
VHS	3，4	7，7

Q3 膽小鬼賽局

B

A	先踩煞車	不踩煞車
先踩煞車	0， 0	−5， 5
不踩煞車	5，−5	−20,−20

Q4 猜銅板賽局

答題者

出題者	正面	反面
正面	−1， 1	1，−1
反面	1，−1	−1， 1

管是什麼樣的知識或技術，如果從未思考如何應用在現實狀況，就沒有辦法創造真正的價值。

如果大小豬賽局換到商場上，會變成怎樣的狀況？請想像接下來的情境。

大企業和小工廠，各自的合理行動是……

大企業A和地方小工廠B正在製造一樣的商品，販賣方式都是透過網路，在公司網站下訂單。

但是，某地的網路設施並不完備，所以商品完全賣不出去。而A公司有財力處理網路設施，B公司則無。

最後，A公司會採取什麼樣的策略？

這個情境雖然和「大小豬」並不完全相同，但可以說它們是相似的狀況。

要B公司去處理網路設施的可能性是零，因為在經濟上並不許可。

A公司雖有財力做處理，但可以預料若A公司處理完當地的網路設施，則B公司也可能接到訂單。儘管只是間小型的地方工廠，也一樣是競爭對象，A公司又怎麼可能為了競爭對象花費成本。

但是，只要當地網路設施不完備，收益就是零。對A公司來說，就算看著B公司會來分一杯羹，做出設備投資的舉動還是有利的。等到網路設施運作後，還是能以大企業之姿，對B公司做出價格競爭等策略。

活用在大小豬賽局學到的，我們可以說**A公司選擇投資設備才是聰明的**。

當然，在現實中可能還會出現別的選擇。

例如，**A公司邀請B公司為設備投資共同出資**這個方法，這是個改變賽局原有支配規則的發想。

從A公司和B公司的關係來看，要求成本各半的分攤方式是很困難的，但如果讓B公司的出資範圍能夠對其有利，事情也許就能順利談下去。

這是仔細檢視玩家的行動和支配規則後，正確理解賽局構造所做出的第三個解決方案。

在賽局理論中，仔細檢討對手行動也是必要的，因此我們現在換成B公司的立場來思考。

B公司可以直接答應A公司那個共同出資的提案，在許可的範圍內提出資金，就能得到新的市場，聽起來是件好事。

但是，正確理解「賽局構造」的話，就會再有不同的想法。

就像我們在大小豬賽局學到的，就算什麼事也不做，A公司也會去整頓設備。「不必答應共同出資的提案」，也可說是一種基於現實考量的判斷。對B公司來說，A公司獨自出資完成設備投資，是最棒的結果。而且根據賽局的構造來推測，這也是很有可能發生的事。

所以，**B公司到底應該接受提案或是拒絕呢？如果你是經營者，你會做**

出什麼樣的判斷？

因為知道「大小豬」的賽局構造，也許你會決定「拒絕共同出資的提案」。

但是，再想得遠一點，在設備整頓完成後，A公司可能會做出更激烈的價格競爭。之後，二家公司可能就進入無利可圖的消耗戰，所以選擇共同出資，未來對自己公司（B公司）將有提出有利方案的可能。

如同微軟公司和蘋果公司、各電信業者之間從敵對關係走向協商合作，就是為了更長遠的未來做出的經營判斷。

這就是理解各式各樣的賽局構造後，懂得預測即將發生的事態所衍生的高度判斷。

這樣一來，弱小的B公司該為了設備投資而提出資金又或是拒絕呢？

如果只看這個問題，當然是不出錢比較有利。

但如果我們徹底理解賽局構造，慎重的預測未來，就能看到不同的解決方式，可說是和賽局理論的三個目的完全一致的部分。

在這個例子中，我們並沒有辦法斷定哪個策略是最有效果的。

可是，A公司和B公司各自的經營團隊對賽局構造的理解程度，將改變接下來的交涉方式，是確實無誤的。不只是為了拔除對手，要相互享受最大利益的話，也是需要賽局理論思考法的。

請讀者們不要只把賽局理論當成知識來學習，更要以活用在現實狀況為目的。和自己的工作領域有關，自然能增加趣味，不過賽局理論是能確實運用到各種場合與問題，範圍涵蓋極廣的一種思考工具。

跳脫「玩家視線」，俯瞰賽局

根據「囚犯困境」和「大小豬」賽局，我們已經了解整理狀況的方法和找到奈許均衡的方法等賽局理論的基本。

在這裡，我想再次仔細檢討囚犯困境中的賽局構造。特別是「困境」這個部分，為什麼會被稱為困境。如果你的觀察力夠敏銳，相信你在看到囚犯困境的「2×2表格」後，就注意到了。

在囚犯困境中，我說雙方都選擇「認罪」的狀況是唯一的奈許均衡。事實上，加入圓圈記號後，就像下頁的表格一樣，只有右下那格是奈許均衡。

但是，俯瞰賽局整體的話，可以知道那個選項對雙方來說並不是最好的。囚犯A和B都認罪的話則判刑二年，都保持沉默的話，二人只有一年的刑期。

囚犯A和B都認罪 → 判刑二年
囚犯A和B都沉默 → 判刑一年

雙方選擇利己行動的結果，別說選擇一個對雙方來說都是最好的選擇，要做出該選擇更是不可能。

「囚犯困境」的「困境」是什麼？

囚犯B

囚犯A	沉默	認罪
沉默	−1, −1	−3, 0
認罪	0, −3	−2, −2

- 囚犯A和B都認罪 ⟶ 判刑2年
- 囚犯A和B都沉默 ⟶ 判刑1年

從玩家（囚犯）的角度思考，雙方都認罪是最好的，但是一旦理解賽局構造、俯瞰整體之後，便可知道雙方皆沉默的選項更好。

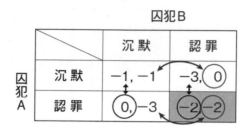

而這個構造，就是所謂的困境。

你可能認為選擇認罪的囚犯很愚蠢吧！

在體育館觀眾席觀看足球比賽時，應該有想過「為什麼不往那裡傳球！」的時候吧。雖然在觀眾席看得很清楚，但球員是看不見那個路徑的。同樣的，當我們遇到囚犯困境這種狀況，也不會發現我們正陷入困境之中。不可能發現有比現在更好的狀況，更不會知道有改善現況的可能性。

但是，請你仔細想想。如果你是其中一個囚犯，你會選擇沉默嗎？

那個選擇伴隨著極大的風險，因為如果對方認罪，你就要判刑三年（雙方都認罪的話則判刑二年）。

進入這樣的狀況後，會有「雖然不是最好的選擇，那就關二年吧」的心態，也是當然的。

俯瞰賽局整體和以玩家的視線思考，看到的景象就是有這麼大的不同。

因此，**跳脫玩家視線，用鳥的眼睛從上空俯瞰賽局整體是必要的。**然後，你就能理解賽局的構造，知道各玩家出現的困境。而且因為知道這個困境，也更能看見該怎麼做，才能找到問題的解決方式。

囚犯困境的構造——漁業濫捕問題

在現實社會中，和囚犯困境相似的狀況非常多。也就是「**儘管有對雙方來說更好的選項，但就是不能選它**」的困境。漁業的濫捕問題，就是其中一個例子。

一般來說，基於「捕到愈多魚就能賺愈多錢」的單純構造，漁民會盡可能提高漁獲量。但是，在同一個漁場捕撈過多的魚，可能就會發生隔年捕不到魚的弊害。以結果來看，這對所有漁民都不利（其他還有引發漁獲價格下跌等問題，不過在這裡僅只討論漁場品質不穩定問題）。

這個問題是以何種賽局構造成立，又要如何解決呢？我們來仔細的想想看。

例如光是呼籲「為了保護漁場，請控制捕魚的量」，漁民就會抑制漁獲量嗎？就一般的思考來說，應該是不會有任何效果的吧！一尾一百元的魚，捕到一千尾就有十萬元。換句話說，眼前這片海裡有十萬元在游啊！要我只拿起五萬元，怎麼想都是不合常理的事。

在這個狀況下，根本不可能解決濫捕的問題。

而實際上，政府有著決定漁獲量上限、設定解禁日和限制時期的解決方案。

這是用改變規則來改變賽局構造的發想，仔細思考賽局構造的結果，得出改變規則就是最好的解決方式。

因為設定了罰款和制裁，「總之多捕一點魚」的行為，就不能和利益連上關係了。

像這樣改變支配賽局規則的方式而改善狀況的例子非常多。

再來看看更複雜的例子。

就算制定了規範濫捕的規則，還是有很多不受制約的人進入漁場。

假設在日本海捕魚時，遇到韓國或俄羅斯的漁船。因為他們不受日本的規則限制，在禁止捕魚的時期也能捕撈超過規定量的漁獲。

這樣一來，只有想保護漁場的日本漁民有損失。

這是個真的非常困難的問題，要跨國制定規則，除了需要政治面的國際交涉之外，各自主張而無法取得共識的狀況是十分可能出現的。

接著，又回到囚犯困境的狀況了。

就算對外國漁民大聲呼籲「那樣做對雙方都不利！」，對方也可能強硬的主張「就算這樣，我現在還是必須捕魚」。這是國家之間衝突問題的常見發展，因為自己和對方原本就站在不同的立場來討論事情。

改變遊戲規則的解決方法，基本上是將各自並不擁有拘束力的玩家，重新帶回原本的賽局構造的典型模式。所以，**問題又再次成為另一個賽局構造。**

用賽局理論思考環境問題

環繞在二氧化碳排放量的環境問題，其實也有著相似的構造。

大量排出二氧化碳對任何人（任何國家）都沒好處，地球環境的損害對所有人類來說都是大損失，這件事全世界的人類都了解。

但是，產業發展到一定程度的國家和正勢如破竹發展產業的國家，有著「就算會排放大量二氧化碳，也要發展本國產業」這種強烈思維。在產業正旺盛發展的時候，對這些國家說：「請控制二氧化碳的排放量。」說不定好不容易發展起來的事業，就會急速萎縮了。

一九四〇到一九七〇年代的日本，在戰後的大復興期，誕生了許多現在仍存續的大企業，也是向世界大量輸出日本製貨品的時期。工廠擴建、導入

現實世界的「囚犯困境」

↓

● 漁業的濫捕問題
捕得多就賺得多，
但過度捕撈的話將
無魚可捕。

決定漁獲量上限、設定解禁日和限制時期等對策

↓

改變支配「賽局」的規則

**因為設定了罰款和制裁，
「總之多捕一點魚」這種想法
便無法和利益做連結**

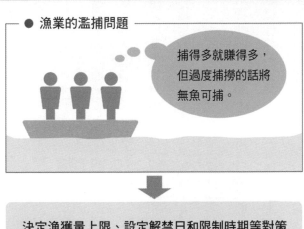

大型機械，正式進入大量生產的時期。「接下來就是日本經濟的復興了！」全國都進入這樣的氣氛之中。

如果在這種時候，對日本說：「這個機器會排放過量的二氧化碳，禁止使用！」雖說是國際共同決定，但沒辦法輕易接受的心情，也是可以理解的。就算會抱怨：「這種決定，根本就是先進國家的暴力！」也不是沒道理的。

或者，若某國陷入非常嚴重的經濟危機，使用乾淨能源需要花費極高的成本，這種情況也是有可能發生的。

因次級房貸衍生的世界金融危機，讓許多企業陸續因資金周轉而疲於奔命甚至倒閉。各企業都已經為一直以來的業務狀況苦惱了，怎麼可能還有辦法考慮到地球環境問題，甚至投資新設備。

話是這樣說沒錯，但要是每個國家都只考慮自己的利益來行動，對居住在地球上的所有人類而言，是選不到最好的選項的。確實是個難解的困境構造。

「看不見的手」也有到不了的領域

經濟學，從很早以前就認為市場經濟是由「看不見的手」推動的，而「看不見的手」是著名經濟學家亞當．史密斯在《國富論》提出的經典名詞。所謂市場經濟，是指每個人、企業、國家為了自己的利益行動後，到最後會和社會全體的利益連結。延續這個古典的思考方式脈絡，「要怎麼做，才能使市場經濟發展、繁榮呢？」就成為資本主義經濟的骨幹。

但是，就像先前提過的，「各自的利益追求」在結果上反而變得對彼此不利的困境會在各處發生。

由此我們可以確認，**「看不見的手」也有到不了的領域**。

世界上正在進行的所有經濟活動（也包含其他的活動），若只以自己的利益為最終目的，就會陷入意想不到的困境。

請讀者一起與我思考看看「日本大學畢業生的就業活動困境」。

日本大學生的就業活動，大多從大學三年級的夏天就開始了。而短大生[1]則是入學不久後就在思考就業的事，雖然常被指責開始活動的時間太早了，但要改善似乎也很難。

以現況來說，在大學裡的學習，會變得敷衍應付似乎也是沒辦法的事。而還沒有確實學到東西就急忙就業的學生，和不清楚對方在大學學到什麼就錄用他的企業，對任何一方來說都是無法得到利益的。

我曾經從某企業的人事部聽到這樣的事，對企業來說他們最在乎的是學生在大四時期的專題研究。

因為就算是大學，一般來說被動的教學型態還是占了大部分的時間。但是，自己決定主題、自行決定研究進度的大四專題研究，其實進入社會後也能起到很大的作用。可是，當就業活動不斷提前，就會有研究時間不夠的弊害發生。

此外，因為各家公司都在每年學生畢業前便開始搶人，基本上公司並無法正確判斷到底需要什麼程度的人才，這也是個大問題。

就算現在認為需要錄用十名員工，一年後可能也只需要三名，而且如果像發生二〇〇九年這樣前所未見的金融危機的話，還可能得停止徵才也不一定。

對企業方來說，儘管有這麼多的缺點，還是無法改善這個問題，這就是就業活動的真實狀況。

曾經，政府制定過「就業協定」，決定就業活動開始的時期。但在一九九六年便廢止了。因為在協定施行期間，企業為了錄用優秀學生而偷跑的情況不斷發生。最後的結果就是協定不被遵守，然後遭到廢止。

這個例子，就是打算以「制定就業協定」這個規則來改變賽局構造，但這個規則並沒有起到任何作用，然後又回到困境的狀況。

1. 一九五〇年開始的二年或三年制大學，講授、研究專門學藝，以養成職業或生活必要的能力為主要目的。

由此可知在畢業生的就業問題中，企業之間為了奪得客戶（學生），就會創造出囚犯困境的構造。和敵手競爭的結果，讓應有的秩序崩塌，結果就是和賽局有關的所有玩家都遭受損失。

想解決問題，有時你得重新訂規矩

我們學習賽局理論、理解賽局構造的同時，目標也要放在預測未來，找到解決方案。

要解開困境，改變支配賽局的規則是其中一個方式。例如要解決環境問題而設定二氧化碳稅和排放權；要防止漁業濫捕而締結協定等，利用規則變化來改變賽局構成的例子非常多。

因為改變規則，就能夠順利誘導人（包含企業和國家）**的行動**。

例如排放權，「大量排出二氧化碳等於提高成本」的結構若是成立，為了保有自己的利益，企業即會開始減少排放量。漁業的濫捕問題也一樣，只要將賽局變成「過度捕撈魚類就有害處」後，漁民的行為就會自行改變。

所以**如果能順利改變賽局構造，問題自然會迎刃而解**。

環境問題或是就業活動等問題，以及其他各式各樣的問題，只訴求人類的道德感，並不能讓問題得到真正解決。

面對問題的時候，要記住「不要一個人悶著頭努力」。假設，你為了保護環境而持之以恆的發起行動，但這其實對減緩地球暖化速度起不了什麼作用。或者，你一個人為了環境大聲疾呼「大家一起來吧！」、「做些不破壞環境的行動！」，成功的希望也微乎其微。

一個人悶著頭努力，還可能會陷入自我否定或是不相信人的狀況。「大家不如我想像的在行動」、「沒有人遵守特地建立的規則」，面對這樣的情況時，不能過度投入情感，也不要感到失落。

都已經學習了賽局理論，就應該更合理的分析狀況。

當新的嘗試進行得不順利，這就是規則沒有實際效益，賽局的困境構造沒有解決的證據。

有效的改變賽局的規則，才能改變人類的行動。

而只有經過合理的思考過程，才能改變問題的構造，導出解決方式。

第2章

協調賽局——為何你拿蘋果、用微軟？

CHAPTER 2

協調賽局：大家都一樣

本章將為讀者介紹和囚犯困境同樣重要的「**協調賽局**」。

所謂協調，如同字面上的意思，是「同調、調整」的意思，而協調賽局是指**參加賽局的玩家，透過協調讓雙方得到利益的賽局構造**。

舉個具體實例，或許各位讀者們就能快速理解了，其實世界上充斥著協調賽局。

前面說過的錄影帶規格之爭，就是其中一例。前一章提到他們為了自己的利益持續進行市場爭奪，結果二方都沒得到任何好處的困境構造。

本章我們將改變一下觀點，思考消費者在這樣的情況下，又是採取什麼樣的行動。

包括我在內，正在閱讀本書的讀者應該都擁有（或是曾經有過）錄影帶。其中也有使用beta規格的人吧，只是我想應該是相當少數。

但當時說到錄影帶，大家應該都優先選用ＶＨＳ規格的機器。

到底為什麼會這樣？

在錄影帶規格戰爭中，雖然ＶＨＳ取得了勝利，但堅持「beta擁有高性能」的說法還是很多。現在我並不打算比較二者性能，但獲得壓倒性市占率的ＶＨＳ的性能其實也不會太差。

假設二者性能程度相同，一向喜歡盒裝商品的日本人，選擇小型的beta反而是更自然的。

但是大部分的人卻買了ＶＨＳ。

理由很簡單，**因為大家都是**ＶＨＳ。

將錄好內容的影帶借給朋友，或是在出租店借影帶來看電影，用不普及的beta還是很不方便。曾使用過beta的人應該對這個不便深有同感吧！

但是，在錄影帶開始普及的時候，如果因某個契機，讓潮流改變的話，說不定大部分的人購買的就都會是beta了。因為沒有非ＶＨＳ不可的必要了。

雖然沒有特別的理由，但因為**每個人都做了同樣選擇**這件事，**讓彼此的利益都得到保護**。

這就是協調賽局的基本構造。

再說得簡單一點，把問題想成二個消費者（A和A的朋友）的選擇，協調賽局的構造就會更清楚了。

如果以2×2的表格來表現的話，應該會如左頁的圖那樣。和朋友選擇不同的錄影帶規格雖也不至於無法使用，但如果選擇一樣的自然比較方便。將對方的選擇，對自己來說能獲得最大利益的地方加上圓圈，會發現有兩個地方出現奈許均衡。

然而現實世界的錄影帶規格戰爭的涉及範圍不只二人，是與更多人相關的巨大賽局，所以將會演變成「大家都是VHS」或「大家都是beta」的奈許均衡的賽局結果。

如果有誰（或是公司）剛好選了其中一方，剩下的人就會全部跳到那個

錄影帶規格戰爭：一種協調賽局

假設

- beta某些性能比VHS優越
- 和朋友選擇一樣的規格比較方便的話……

A的朋友

A		beta	VHS
	beta	8，8	4，3
	VHS	3，4	7，7

「都使用beta」或「都使用VHS」，使兩方都獲得奈許均衡

雖然雙方都覺得「都使用beta」比「都使用VHS」來得好，但若正好某一方先買了VHS的話，就可能變成「都使用VHS」的結果。

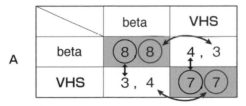

選項，這是協調賽局的特徵。

例如手機通話系統主流的GSM系統和源於日本的PHS系統、微軟作業系統和蘋果麥金塔系統等產品規格的選擇，都是很常見的協調賽局。

一旦理解消費者會購買和大眾一樣的商品這個賽局，預測哪些商品未來將獨占市場，就變得容易了。

有些企業因為學習了這個賽局構造，甚至做出即使可能發生赤字，也要採取挑戰獲得市占率的策略。

午餐吃什麼，「你自己」很難決定

其實我們身邊就有很多協調賽局的事例，請看第九十二頁圖。

假設你（妳）和女（男）朋友約會，眼前對你們來說有兩個選擇。一個選擇是去看音樂劇，另一個是去看電影。如果某一方去看音樂劇，另一方怎麼可能選擇看電影，因為這樣就不是約會了。選擇二個完全不同的行動的話，二人能得到的利益等於零。

如此一來，只有選擇「一起去看音樂劇」或是「一起去看電影」了。音樂劇能得到的利益是「10」，電影的利益是「9」，所以二人應該會選擇一起去看音樂劇吧！

不過在這個賽局中，並沒有非要選擇音樂劇的理由。也許可能二人決定去看電影。或者說不定，下次的約會就真的是去看電影呢！

如果是情侶這種只有二人的賽局，改變行動是相對簡單的。

不過，一旦人數增加，協調賽局的構造就會變得更明顯，要改變行動也會變得困難。

請試著回想看看，中午和同事們一起去吃午餐的時候，是否常常去一樣的店家呢？那間店明明不是最佳選擇，但大家都會很自然的往那裡去。

說不定有更好吃更便宜的店，但大家總是去同一個地方，這也是一種協

協調賽局的典型案例：情侶約會

請想像一下情侶約會的場面。
有兩個約會的選擇，分別是「看音樂劇」以及「看電影」。對雙方來說，雖然兩個選項都可以，不過某一方對於音樂劇的偏好高一點。
因此情侶的約會地點通常會這麼決定：縱使有兩個選擇，但考量到另一方的選項偏好，去看音樂劇更好。

- 男女雙方選擇一起去看音樂劇……滿足度 10
- 男女雙方選擇一起去看電影………滿足度 9
- 男女雙方各自做出不同選擇………滿足度 0

男＼女	音樂劇	電影
音樂劇	10, 10	0, 0
電影	0, 0	9, 9

調。

沒有發言權的菜鳥也許想著「我根本不想去吃定食啊」，結果卻還是和大家一起行動。

選擇午餐吃什麼，其實不存在特別的理由。

最重要的，是和大家一樣。

然後，**只要決定了某個行動或選項，通常都不會被改變。因為不管是好的行動或壞的選擇，都離不開「和大家一樣」的安定狀態。**

一台電腦日幣一百圓，葫蘆裡是賣什麼藥？

協調賽局的構造，也能運用到商業策略上。

記得二〇〇八年，在日本瘋狂熱賣的迷你電腦「小筆電」（Netbook），由於以五萬圓（約新台幣一萬七千元）不到的價格販售，掀起了一陣旋風。

但是，不久後有許多量販店打出「電腦一百圓」的超低價。就算量販通路再怎麼壓低成本，一台筆電以一百圓的價格售出，還是不可能有任何利潤可言。

後來仔細探問，才知道購買「百圓電腦」的同時，也要購買日本電信公司EMOBILE（目前與日本電信公司WILLCOM合併）的無線網路卡，並簽訂契約。如果只打算購買電腦，還是要花五萬圓。

這是EMOBILE以吸收電腦價格做為代價的形式，使自家商品的使用者增加的策略（當然實際上不只是這個理由）。

但是將五萬圓的電腦以百圓出售還真是個大膽的策略，做到這個地步，EMOBILE還能獲利嗎？

把這個策略當成學習賽局理論的案例仔細檢驗後，就能清楚看到企業打算做出對自己有利的事。購買小型電腦的人，大部分都是以外出攜帶為前提，所以需要不論何時何地都能連上網路的環境。

如果能獲得這種電腦使用者對無線網卡需求的壓倒性占有率，一定對未來的事業十分有利。現在不管什麼工作都會使用到電腦，在街上使用電腦的人也早已司空見慣。

如果這些人都使用EMOBILE，對企業來說就有相當可觀的收益了（就算之後停止販售超低價電腦的策略，使用者想必也不會就此大幅減少）。

EMOBILE就是在描繪這樣的藍圖。

就像「說到錄影帶就想到VHS」的賽局已經成立一樣，如果「說到電腦的行動通訊，就想到EMOBILE」也成立的話，那麼企業希望的協調賽局就達成了。

所以為了長期穩固自家公司利益的均衡狀態，就算有點風險也要採取以一百圓販售電腦的策略。

不只EMOBILE的例子，以超低價販售、超乎一般常識的行銷廣告等乍看不可思議的策略其實充斥社會。或者，與其他同業合併、以意想不到的異業合作等例子也很常見。

現在，什麼樣的賽局正在發展？

從賽局理論來看社會上的各種商業策略，就能看到各式各樣的思考。有透過激烈的價格競爭以擴大市場占有率，創造對自家公司有利狀況的企業，也有避免囚犯困境（互相競爭後雙方皆有損失），找出協調模式的狀況。

沒有哪個策略正確或哪個策略錯誤，得因應不同的時機正確掌握賽局構造，否則就無法成功的開展事業。一味主張「即使赤字也要展開價格割喉戰是愚蠢的！」時，敵對公司說不定已經獨占市場；一味埋頭於「總之就是不想輸給對手！」的競爭，業界的整體市場說不定早已開始萎縮，捉對廝殺也毫無意義。

「百圓電腦」的商業策略

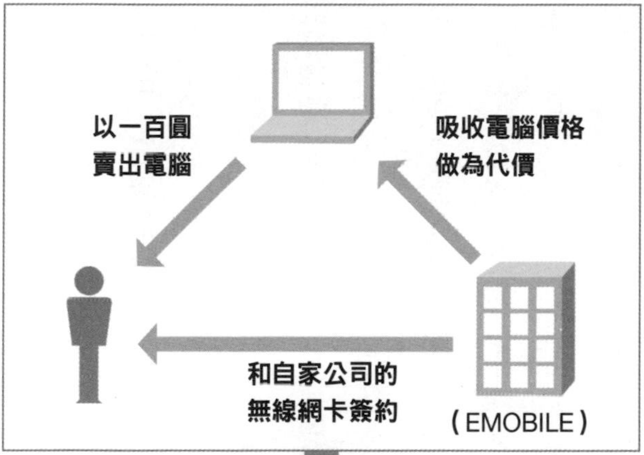

以吸收電腦價格做為代價，以求增加自家產品的使用者。

以長期戰略觀點來看，是以「說到電腦的行動通訊，就想到EMOBILE」為目的。

所以，正確判斷出「現在，什麼樣的賽局正在發展？」不只對經營者，對所有商業人士來說，都是不可或缺的技能。

時尚界的流行色，二年前就決定好

和同業競爭的企業狀況相反，也有業界是全體巧妙利用協調賽局的狀況。**如時尚業界講的「流行色」，就是這個典型。**

每年流行的顏色，其實是由國際流行色委員會（International Study Commission for Color）這個機構開會決定的。

國際流行色委員會在一九六三年成立，是選定世界流行顏色的主要機構。集合法國、瑞士、美國、英國、西班牙、義大利、日本等地的代表，討論世界流行的顏色。接著，決定二年後的流行顏色。

對於時尚業界不甚了解的人可能會歪著頭問：「為什麼要這樣做？」但

這是該業界的常識。

看著時尚雜誌，儘管氣候還處於寒冬，也能看見類似「今年夏天流行粉紅色，我推薦這件夾克」這樣的意見。能夠做出這樣的預言，就是因為國際流行色委員會已經決定好接下來的流行趨勢了。

接收到流行色的決定後，全世界的時尚業界就會一齊行動。如果該年的流行色是紅色，就展開以紅色為基調的時裝秀，各國的時尚雜誌也會向消費者宣傳「今年的流行色」。

於是，大眾就會開始一起購買今年的流行色。

大多數的消費者都希望「穿上最流行的顏色」或是「不想跟潮流脫節」，而這樣的希望就會創造出協調賽局的構造。

但到底時尚業界為什麼要這麼早就決定流行色呢？

因為是協調賽局，消費者總會找到一處均衡。但是，要決定流行的顏色，必先得經過業界人士一齊討論「什麼顏色會成為流行呢？」的時期。

與其讓成衣製造商、設計師、時尚雜誌各自創出流行造成競爭，誘導消費者鎖定特定的顏色來造就流行，對各方來說都有利，所以才會特地決定流行色。

而對業界人士來說，非避免不可的狀態又是什麼？

就是消費者穿著和去年一樣的衣服。

如果每個人都這樣，今年的衣服就賣不出去，對時尚業界也會造成極大的打擊。

要避免這種狀況產生，最好的辦法就是改變每年的流行色，明確區分「今年的衣服」和「去年的衣服」。

時尚業界全體在誘導大眾的選擇這方面，可說做得非常好。

他們因為理解協調賽局的構造，才能準確預測大多數的人一定會優先購買當時流行顏色的商品。

也因為這樣的理解，讓他們選擇驚人且大膽的策略——「自己創造流行的顏色」。

說個題外話，國際流行色委員會自一九六三年成立以來，所選擇的流行色都是以女性為對象。但是從一九八五年開始，也開始選出專屬男性的流行色，對男性時尚也加入了流行色的制度。

和女性相比，男性的服裝不管在顏色或設計的變化上都比較小，流行色的影響似乎沒那麼大。不過，我們男性對於穿什麼顏色的襯衫，該打什麼顏色的領帶、圍巾等的整體配色上，或許在不知不覺中，也被時尚業界的協調賽局所支配。

協調的失敗：加班文化、公務員心態

協調賽局本身並沒有所謂的好壞。

問題在於，協調賽局中有著複數個奈許均衡，而最後可能會落在「大家並不希望的奈許均衡點」。

例如八十九頁的錄影帶規格戰賽局中選擇了「VHS」；九十二頁的情侶約會賽局中選擇了「電影」，對玩家來說並不一定是最好的奈許均衡。像這樣在複數個奈許均衡中，選擇了大家並不希望的奈許均衡，就叫做「**協調的失敗**」。協調賽局的結果有「好的協調」和「壞的協調」，而協調的失敗即是指「壞的協調」。

組織或社會中的習慣大多由協調賽局的構造所產生，只要多數成員共同擁有習慣這樣的「約定」，就能夠概略預期他人的行動，不用思考太困難的狀況也能繼續工作。**因此組織和社會經常形成某種習慣，而那也會成為某種力量**。但是那個令人穩定的習慣並不一定是必要的存在，所以當大家持續同樣的行動讓壞習慣生根後，無法改善的狀況也所在多有。

你的工作場所裡，一定也存在一些心照不宣的壞習慣吧。

「加班很平常啊」就是其中一個，正常的上下班時間只是參考用，現在還是有很多公司的員工，對於在下班時間一到就回家這種行為感到顧忌。會議的進行方式或公司內部的聯絡系統等，通常會以「因為以前就這樣做」或是「大家都這樣做」的理由，就一直延用。

協調賽局具有「穩定了就很難改變」的性質，一不小心就有跟不上時代變化的危險性。

擁有加班很平常的習慣、或是沒有一堆人蓋章就無法進行的重複審核系統等，這些不符合現代商業模式做法的公司要小心了。

如今是每天都在不斷變化的時代，能夠如何面對變化，將大大左右成果。確實掌握和檢討社會上已經存在的賽局和自己公司內的賽局構造，然後因應需求做出改變，是非常必要的。

協調的失敗

● 協調賽局的特性

❶ 大家採取同樣的行動，或不這麼行動

❷ 一旦狀況安定就很難改變

⬇

離不開「不希望的狀態」

加班理所當然的職場

會議很多的職場

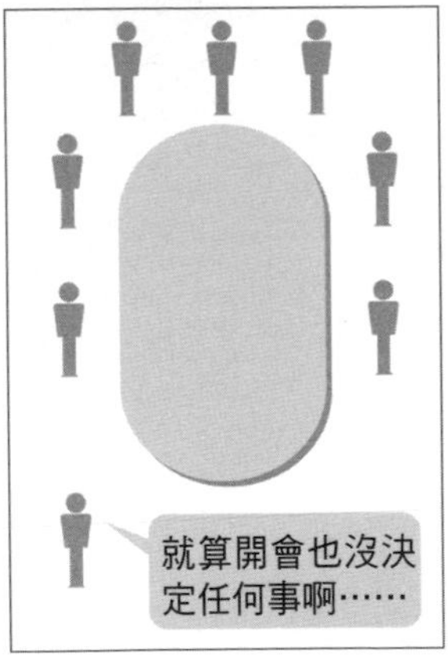

不發問的學生，也是「協調的失敗」

在教育方面，也可能發生一樣的事。

日本的學生對於「你真正想做的事情是什麼？」這個問題，大部分的人都無法明確的給出答案。

為什麼會沒有答案呢？我認為最主要的原因，在於上大學前的生活方式（選擇的方法）。

他們在截至目前為止的人生，都以「和大家一樣」為最優先的選擇。而在進入大學之前，這樣的生活方式是完全沒有問題的。

但是，在大學裡，自己要學什麼全都必須自己判斷和選擇。到就業的時候，更是要求自主性和主體性。

大學時代的學習和踏進社會的職業選擇，並不適用「和大家一樣」。當你被迫進入那個狀況，才第一次發現完全沒用自己的頭腦思考過再行動而備受困擾。

日本大多數的學生在課堂上都不發問，也是協調賽局裡令人困擾的一個面向。

本來，遇到不懂的事件、在意的事情就當場詢問的話是最好的，像研討會那樣的小班制人數更是應該要發問。

但是，絕大多數的日本學生都不發問。**因為不發問的習性已經養成，也就出現了某種協調的失敗**。

當不發問的前提已經形成，就會讓自己也停止思考。聽老師講課，然後做筆記，真的有很多學生都把這個當作「上課的全部」。

而這個風氣也帶給老師不好的影響。

因為不會有提問，所以不用做足補充準備，偶爾遇到意料外的問題，就像是妨礙課程進度般的回一句「那個我下次告訴你」就跳過了。

當然，我們不能說所有的老師都是這樣的。但是，不以有接受學生提問的準備來上課，不要求學生思考的老師愈來愈多，也是事實。

這是個非常令人困擾的協調。

為了改善這個狀態，**以辯論方式進行課程，半強制的發問和提出意見就是一種解決方法**。

這個方式如果進行得好，將會收到「好的協調」結果——在課程中發問和提出意見是應該的。

這樣的模式一旦形成，就算回到原本的授課方式，學生也能自行組織思考主體。

原本，協調賽局就有一旦進入平衡狀態，就算之後不強制規範也自然能順利進行的優點。

但我們也必須有所認知，協調賽局也有沉浸在壞的均衡下的危險。

景氣好壞，也是一種協調賽局

景氣的好壞，在我看來也是一種協調賽局。

因為景氣好壞是一個涵蓋相當大範圍的經濟問題，所以我並不打算把全部的原因，都用協調賽局的構造來解釋。但是，不管景氣是好或壞，都是因為該狀態處於安定，而且具有所有玩家都無法離開該狀態的特性。

景氣好，指的是經濟逐漸擴大的狀態；而景氣不好則是相反的逐漸縮小狀態。換句話說，景氣好壞是表示經濟活動變化（擴大或縮小）的詞彙。

但是，稍微改變一下看事情的角度，無關擴大或縮小，那也可以想成是一種安定的狀態。

不管景氣好壞，大多數的人和企業都會採取同樣的行動。

二〇〇八年次級房貸破產的時候，全世界的金融都受到衝擊，股價也下跌。企業為了籌措資金所苦，所以開始縮小事業規模、縮減員工的薪資。也有人因此被解雇，消費也漸漸低迷，其結果讓企業的營業額每下愈況。

景氣在惡化階段會給人變化激烈的感覺，但只要降到一定的程度，那個惡性循環也會變得平常，因為所有經濟活動都會同步化。

如果將經濟活動視為大型賽局，那麼若參與賽局的玩家們（所有的企業或消費者等）的行動都趨於固定，要違反潮流就變成是件很困難的事。就算有某個豪氣干雲的社長認為「我們公司可以提高生產量，讓業界繁榮」，也會因為沒有人購買產品，反而讓業績更加惡化。結果這個經營判斷，很明顯的會變成檢討的對象。

可以說景氣不好，就是經濟全體協調的失敗。

一個人要改變安定的均衡狀態是不可能的。

但是，也不可能因為狀態安定就放著不管。脫離景氣不好狀態的方法一定存在，但是要找到那個方法，必須先認識「**要從安定狀態抽離，不是件簡**

單的事」這個賽局的構造和性質。

協調賽局的基本，就是「**和大家一樣**」。

換言之，面對低水準的安定構造，只改善某一部分是沒有什麼意義的。就算那一部分為了改善景氣而努力，在協調的構造裡也是不被認同的。

不知道百年難得一見的經濟危機最後該如何復甦，但我認為同時改善多個要素，是必須的。

如果有數個領域、地區同時進入由衰轉盛的狀態，隨著那個改變，可以預期景氣回升的日子不久後就會到來。

要打破協調的失敗，不需要改變賽局的規則，只要每個人齊心合力改變，不必採取任何強制手段，也能進入新的安定狀態。

關鍵就在於，要大家一起改變。

人是習慣的動物，從過馬路和搭手扶梯便知

日常的通勤，無論是自行開車或搭乘捷運，很容易就能發現協調賽局的構造。

其中最顯著的，就是**在捷運站搭乘手扶梯的時候**。

不知從什麼時候開始，手扶梯的某側會為了快速通過的人而保持淨空，甚至還有「關東右側、關西左側」這樣的在地規則跑出來。

但是，手扶梯並不是為了便利行走而誕生的，正確的使用方式應該是站穩後讓手扶梯載著你移動。

雖然是這樣，但在尖峰時間假使一個人停下來不動，就會招致後面的人不快，還可能被抱怨「如果你不走的話就靠左邊站！」（關東地區）。

原本應該禁止在手扶梯上走動的行為，卻因為多數人創造出來的潛規則，而讓停止不走的人遭到抱怨。

類似的情況，在沒有設置紅綠燈的斑馬線前也看得到。

假設在車流量較大的馬路上，沒有為了斑馬線設立紅綠燈，如果有路人站在路邊等著過馬路，駕駛們會停下來嗎？

就我所知，幾乎所有駕駛人都不會停下來。如果正在塞車那另當別論，但他們會認為，在車流順暢的時候停車會導致交通的不順暢。

但是，交通規則明定，接近斑馬線的時候該減速，有人要通過的話必須禮讓。

而這個規則幾乎沒有人遵守。

多數駕駛都認為如果禮讓一個又一個的路人將會導致塞車，而且還伴隨著其他新的危險，此狀況即為「**不在現實中實行規則，跟著習慣走更妥當**」。

路人也因為習慣車輛先行，所以遇到有車停下來讓他先過，反倒會不知所措。

明明交通規則是「車應讓人先行」，現實情況卻變成在「人讓車先行」的狀態下達到平衡。

不管是手扶梯或斑馬線，只要沒有引起問題就沒有改善的必要。

但是，我們下意識行使的習慣並不全都是正確的行動，「因為大家都這樣做」、「以前都是這麼做的啊」只是使用這些曖昧又欠妥當的理由繼續那些習慣行為。

暢銷書《世界上最偉大的奇蹟》作者奧格・曼迪諾（Og Mandino）也說，「人類是習慣的奴隸」。不管是好的習慣或壞的習慣，人類就是像奴隸一般毫不懷疑的被支配。

要從源頭改善問題，有時也需要懷疑習慣。

如果只是個人的壞習慣，只要和周圍的人比較就會馬上發現。但是，群體的壞習慣就很難這麼容易看出來。一旦融入社會或組織後，就很難看見自己的姿態（壞習慣）。

有時，移動到其他部門或企業、甚至國外，就能知道「自己的常識」對他們來說一點也不是如此。或者，對於自己現在懷抱的問題，學習其他人會如何應對也是很重要的。

必須注意的是，不要只有你一個人改變，孤軍奮鬥。成為範本雖然重要，但是只有少數人改變行動，並不會將平衡或習慣移到更好的地方。如果大部分的人都沒有改變行動，還是會回到原本的平衡和習慣。雖然很可惜，但這樣的改革是失敗的。

這就是協調賽局所帶來的麻煩。

只要大多數的人採取改變的行動，新習慣也可以自然養成。

這和囚犯困境不同，不需要改變規則，只要在同樣的規則下把壞習慣扭轉成好習慣即可。

第3章

知彼知己，百戰不殆——三種賽局，搞懂你的對手

CHAPTER 3

膽小鬼賽局——你敢不敢跟我拼？

本章將說明囚犯困境和協調賽局以外的其他賽局構造。

第一個要提的是「**膽小鬼賽局**」（chicken game）。

就算不知道賽局理論，聽過膽小鬼賽局的人應該很多吧！這個賽局也被稱為「懦夫賽局」，是個決定誰是懦夫（膽小鬼）的賽局。

接下來以實際賽局為例，解說賽局的構造。

假設有A和B二人。

二人各開一台車，朝向牆壁全速前進。

兩人之中看誰能不踩煞車前進到離牆最近的地方。也就是說先踩煞車的人就輸了（膽小鬼）。

玩家有「先踩煞車」和「不踩煞車」二個選擇。

接著，以「2×2的表格」整理賽局。

一、二人同時踩煞車，A和B的利益都是「0」。

二、B先踩煞車而A不踩煞車，利益變成A為「5」，B為「–5」。A會得到勇敢的讚揚，而B則是膽小鬼。

三、A先踩煞車而B不踩煞車，利益變成A為「–5」，B為「5」。B會得到勇敢的讚揚，而A是膽小鬼。

四、A和B都不踩煞車且撞上牆壁，這時二人得到的利益是「–20」，二位玩家也得到最壞的結果。

做出如下頁的「2×2表格」後加上圓圈，便可得知奈許均衡出現在「如果對方先踩煞車，自己就不踩煞車」或是「如果對方不踩煞車，自己就先踩煞車」。

膽小鬼賽局的構造

B

A	先踩煞車	不踩煞車
先踩煞車	0, 0	−5, 5
不踩煞車	5,−5	−20,−20

B

A	先踩煞車	不踩煞車
先踩煞車	0, 0	−5, 5
不踩煞車	5,−5	−20,−20

● 奈許均衡有二個：

❶ 對方先踩煞車，則自己不踩煞車

❷ 對方不踩煞車，則自己先踩煞車

因為有二個奈許均衡，又很難分出優劣，要預測各玩家的行動是非常困難的。

雖然玩家的個性和彼此的關係也有影響，但原則上還是「不做就不知道」。就算檢驗賽局的構造，也無法得出「這個選項比較好」的結論。

但是，反覆實驗這個賽局，可以看到奈許均衡落在某一方先踩煞車而另一方不踩煞車。

在電影或電視節目中出現的膽小鬼賽局，也是不到分出個勝負，就沒有結果的，因此雙方同時煞車或都撞到牆壁的情況，幾乎沒發生過。

現實社會裡的膽小鬼賽局又是如何？

企業間的交涉，就是很容易發生膽小鬼賽局的例子。

紅銀行和藍銀行決定合併了。

但是雙方對於新銀行的名稱意見分歧。

紅銀行主張新名稱為「紅藍銀行」。

藍銀行主張新名稱為「藍紅銀行」。

在這種時候，你覺得賽局將如何展開？

在這個例子中，先假設沒有互相讓步的選項，也就是沒有「紫銀行」這種第三選擇，所以結果一定是某一方的主張通過。

一、**紅銀行讓步**，新名稱為「藍紅銀行」。

二、**藍銀行讓步**，新名稱為「紅藍銀行」。

三、**雙方都不讓步**，談判破裂。

在這個拉扯下，究竟結果會怎樣是無法預測的，三個選項都非常有可能發生。

但是，以膽小鬼賽局的角度檢驗後，可以看出幾個構造。

首先，當雙方持續堅持己見，將會導致最壞的結果。

在真正的膽小鬼賽局裡，「二人撞到牆壁後死亡」是雙方最想避開的結果。同樣的，對紅銀行和藍銀行來說，談判破裂就是最壞的結果。本來是為了迴避經營危機而策畫合併，最後卻因雙方各持己見而讓這個機會跑掉。

雖然不想當個膽小鬼，但又必須避免最壞的結果發生。

這個心理因素，就是讓玩家煩惱的膽小鬼賽局的基本構造。

古巴危機——危險的膽小鬼賽局

曾經有個非常危險的膽小鬼賽局在世界上展開，那就是一九六二年發生的「古巴危機」。

這是個超越個人勇氣比拚的程度，是實際展開賭上幾千萬人性命的嚴肅賽局。

事件起因，是發現與美國對立的古巴境內裝有蘇聯的核子飛彈，而飛彈被美國的偵察機所發現。

當時的美國總統是甘迺迪（John Fitzgerald "Jack" Kennedy），蘇聯總理是赫魯雪夫（Sergei Nikitich Khrushchev）。以這二人為中心，震撼全世界的膽小鬼賽局開始了。

在此就不提細瑣的演變，我簡單說明此賽局的構造。

美國對蘇聯提出撤除古巴核子飛彈的要求。並表示，若不接受撤除的要求，不惜發動核子戰爭。

但另一方面，蘇聯也有「撤除」或「不撤除」核子飛彈這二種選擇。

基於賽局的構造，並沒有「雙方讓步」這個結果。回到現實面，卻有透過提出各種條件和外交持續努力的改變方式，以下將只討論三種選擇。

一、美國讓步，蘇聯不讓步→美國認同蘇聯裝設核子飛彈
二、美國不讓步，蘇聯讓步→蘇聯撤除核子飛彈
三、美國和蘇聯都不讓步→爆發核子戰爭

如同電影《驚爆十三天》的劇情，一觸即發的緊張態勢持續了十三天之久。當時的美蘇雙方都要對方接受自己的主張，因此全世界都認為縱使發生核子戰爭這種最壞的狀況，也不是不可能。籠罩於恐怖之下的世界，世人的注意力都集中在甘迺迪和赫魯雪夫身上。

最後，由於蘇聯的讓步而從古巴撤除核子飛彈，危機也隨即解除。

當時的蘇聯總理赫魯雪夫，究竟是為了什麼理由，而決定讓步呢？

理由其實各式各樣，如美蘇關係、蘇聯國內情事等，此處將純粹就賽局

構造進行討論。

對二國來說，最希望避免的就是核子戰爭，這點應該大家都能理解。但是，若讓對方得知自己其實是想避免開戰，那麼在膽小鬼賽局中就無法得勝，這便是困難的地方。

就算心裡覺得「必須避免最壞的結果」，表面上還是必須維持「與其當個膽小鬼，不如就讓你看看我有做最壞結果打算」的強勢。

所以赫魯雪夫撤除核子飛彈最大的理由就是，美國表現出「我真的會發動核子戰爭」的態度。

這裡我並不打算評論外交的部分，因為若是赫魯雪夫堅持己見，全世界也許會看到談判破局的場面。

儘管有這麼多的風險，國際間的交涉就是存在著許多像這樣的賽局構造。不顧全球反對進行核子實驗或飛彈試射，以表現自己不惜一戰的強硬態度，並以此做為外交手段的方式現在也還能看到（如北韓）。

把手段對錯先放一邊，遇到膽小鬼賽局若是採取強硬姿態，其實有利賽局的發展。即便雙方都有避免最壞情況發生的想法，也要讓對方相信「我是不會踩煞車的」這個強勢態度。這也可以說強硬派不會從世界上消失，都是因為膽小鬼賽局的存在。

誰都不願意做的事，為何有人會做？

在日常工作環境中，也能頻繁地看到類似膽小鬼賽局的構造。例如誰都不願意做的工作這種問題。

現在有個誰都不願意做的工作。

如果A和B都不做，這個部門將遭到裁撤。

在業務性質上，沒有「二人一起做」或「二人輪流」這種選擇。面對這樣的狀況，A和B該怎麼辦？

從賽局理論解析古巴危機

蘇聯

美國		讓步	不讓步
	讓步		−5, 5
	不讓步	5, −5	−20, −20

在膽小鬼賽局中得勝的關鍵

❶ 內心的想法

➡ 不想當膽小鬼，但要避免最壞的情況

❷ 讓對方看到的樣貌

➡ 與其當個膽小鬼，不如就讓你看看最壞結果基本上和目前我們所知道的膽小鬼賽局構造一樣。

一、A讓步，接手該工作。

二、B讓步，接手該工作。

三、A和B都不讓步，部門解散。

想想實際狀況。誰都不願意做的工作，通常會有個好心人全部承接下來吧！明明A和B都在，但卻總是B在做那些事。

為什麼那件吃力不討好的事，每次都是B在做？

從賽局的構造來說，那是因為B沒有辦法表現出「就算部門會解散，我也絕對不做」這種強硬的態度。與其要和別人爭論，不如就接下來做吧！

當「反正誰都不願意做的事，B會去做」這個想法固定了以後，大家就不會意識到那個問題。

然而，這樣真的是好事嗎？

如果B能全盤接受的話，那就沒問題了。但如果有一天他感到不滿，勢必也會表現出「就算會發生問題，我也不想繼續做下去」的態度。平時完全不抱怨的B一旦採取強硬姿態，對方就會感覺到「他是認真的」。若能成功讓人這樣想，B在膽小鬼賽局裡就會變成有利的一方。

而已經制式化的關係說不定也會有所改變。

這個方法對改變賽局展開方向確實有效，但如果對B建議「有時候你也必須擺出不合作的態度」是符合現實情況的嗎？如果能夠這麼率直的說出自己的想法，B應該從一開始就不需要做這件吃力不討好的事情吧！

更實際一點的解決方式，還有讓統籌所有事務的上司，或高階經理人來改變賽局構造這種方法。只要理解賽局構造，就會看到那些討厭的工作一直都是由B負責。

在這裡，就可以加入一條新的規則。例如，讓負責該事務的B有額外收入。

面對有點討厭的工作，若是能和高報酬（或是職位和待遇調升）沾上邊，事情很簡單的就不會變成「誰都不願意做的工作」了。

不管是B要繼續這項工作，或是有其他人也想做，都會變成和以前不一樣的構造。

在工作現場，通常有講話大聲的人意見比較容易通過，或是那種類型的人待遇較好的傾向。

但是，在滿是自我主張強烈的人聚集的職場，發生膽小鬼賽局時該怎麼辦？大家互不相讓強調自己的意見，最後說不定就是讓最壞的結果出現了吧！

如果你的工作環境中沒發生過最壞的狀況，那肯定是有人讓步，或是忍耐。

認識這點，並創造能減輕同事負擔的制度，對經營部門或整個團隊是非常重要的。

膽小鬼賽局原本是決定誰是膽小鬼（懦夫）的賽局，但不要只是讚賞勝利者，犧牲自己而成為膽小鬼的那一方，也應該得到注目。

猜銅板賽局——不讓對方看出行動的人，獨贏

下一個要說明的是「**猜銅板**」（matching pennies）賽局。

便士（penny）是英國等地使用的輔助通貨[1]。猜銅板就是利用硬幣進行的單純賽局。

二人的其中一方，要在對方看不見硬幣目前是呈正面或反面的情況下進行遊戲。

一方猜測「正面或反面」，猜中了就得勝，沒猜中就輸掉的簡單賽局。將糖果握在左右手其中之一，讓對方猜的賽局構造也是一樣的，這個賽局是沒有必勝法的。

但是，如果對方一直採取同樣的行動，要贏過那個人就簡單了。例如出題者總是將銅板「正面向上」，答題者自然百發百中都會答對。相反的，如果答題者每次都回答「反面」，出題者就會得到全勝了。

所以猜銅板的關鍵，就在於「**不讓對方看出行動**」。

為了更清楚賽局的構造，現在畫一個2×2的表格。有出題者和答題者二人，二人各有「正面」和「反面」二個選項。勝利者得到利益「1」，落敗者利益為「–1」，2×2表格將如第一三三頁，雙方都沒有二個數字被圈起來的格子。

1.一通貨單位未滿的金額，如英國主要通貨單位為鎊。對美國的美元來說，分（cent）即為輔助通貨。

換句話說，沒有奈許均衡。以賽局構造來說，猜拳也是相似於此的。猜拳有「剪刀、石頭、布」三個選項，遊戲因每次出不同的拳而成立。所以原則上，猜拳不存在強者或弱者的分別。也因此，猜拳有其公平性，在許多時候都被當成重要的決定方式。

但是，偶爾會遇到「我很不會猜拳」這樣的人。說不定，那種類型的人只是在自己沒注意到的狀況下被對手看出他的習慣。如果被發現第一次出拳總是出「石頭」，當然沒有贏的可能。

棒球場上投手和打者的關係，也適用這個賽局的構造。

就算有直球和指叉球二種武器，但每次都投直球的話就很容易讓打者打擊出去。或者，在界外球之後一定會投指叉球，打者也很容易就打到球。

看棒球比賽的時候經常可以發現，指叉球總是在很有趣的時機，當成決定性的球種。

「下一球應該就是直球了……」因為打者這麼設定，所以指叉球才總是成

猜銅板賽局

出題者決定銅板以正面或反面向上，答題者預測銅板向上的是「正面」或「反面」，猜對了得勝，猜錯了落敗。利益：勝利為「1」，落敗為「–1」

答題者

出題者	正面	反面
正面	–1，1	1，–1
反面	1，–1	–1，1

→ **沒有奈許均衡！**

猜拳則是……

B

A	石頭	剪刀	布
石頭	0，0	1，–1	–1，1
剪刀	–1，1	0，0	1，–1
布	1，–1	–1，1	0，0

加上圓圈，看看奈許均衡在哪裡。

為決定性的一球。

警察和小偷之間的「猜銅板賽局」

像猜銅板那樣的賽局，重要的是**知道對方的心裡在想什麼**。

出題者為了不讓答題者預測中而設定「正面或反面」，答題者則是要看出對手的行動，盡可能的猜中答案。

這和警察與小偷的關係一樣。

究竟是怎樣的關係，讓我們透過實際賽局來看看。

某個城市裡，有警察和小偷的存在。

警察有「巡邏」和「偷懶」二個選項。

小偷有「進入（沒人在的家）」和「不進入」二個選項。

警察偷懶的時候小偷進入沒人在的家則成功偷竊；警察巡邏的時候小偷進入沒人在的家則會遭逮捕。

那麼，警察和小偷會採取什麼樣的行動呢？

一、警察「巡邏」；小偷「進屋偷竊」
警察利益為「1」，小偷利益為「–1」

二、警察「巡邏」；小偷「不進屋偷竊」
警察利益為「–1」，小偷利益為「0」

三、警察「偷懶」；小偷「進屋偷竊」
警察利益為「–1」，小偷利益為「1」

四、警察「偷懶」；小偷「不進屋偷竊」
警察利益為「0」，小偷利益為「0」

有以上四種組合，但從下頁的圖可以得知，沒有一個達成奈許均衡。所以，警察和小偷的行動不會進入任何一種模式。

持續改變行動，不進入某種固定的樣式，就是猜銅板這種賽局構造的特徵。

知道警察要巡邏，小偷就不會犯罪。

接著，警察覺得「巡邏也沒用」，就開始偷懶。

短期內，警察就算偷懶，小偷也不會行動。

一旦警察持續偷懶的期間，小偷就會開始行動，並且成功偷竊。

知道這個狀況的警察會重新開始巡邏，逮捕小偷。

結果就是，這個循環永遠存在，就像躲貓貓。

但是，不能因為「反正是躲貓貓，偶而讓小偷成功偷竊也沒辦法」而輕易放棄。不管小偷出現與否，警察若是不確實巡邏，就會讓民眾困擾啊！

接下來，試著改變支配賽局的規則。

警察和小偷的猜銅板賽局

小偷

警察		進屋偷竊	不進屋偷竊
	巡邏	1,−1	−1, 0
	不巡邏	−1, 1	0, 0

小偷

警察		進屋偷竊	不進屋偷竊
	巡邏	1,−1	−1, 0
	不巡邏	−1, 1	0, 0

不存在奈許均衡的賽局

改變規則，賽局的構造也會改變

現在假設警察偷懶，小偷進屋偷竊。

這時候警察得到的利益是「-1」，小偷是「1」。換句話說，警察雖然失去些許利益，但並不是多麼嚴重的狀況。

為了改變這個構造，當警察偷懶、小偷進屋偷竊的時候，我們讓警察的損失加重。

例如增加新規則，當警察偷懶、小偷進屋偷竊，則警察要繳納「五十萬元的罰金」。

警察就算只有一次的失敗，也必須繳納五十萬元的罰金。如果背負了這樣的風險，就算小偷不出沒的時期，警察也會確實執行巡邏。

但是，這個規則也有問題。

過於嚴厲的罰則將導致沒有人願意當警察，就算一年有三百六十四天都完美執行業務，只要第三百六十五天失敗，整年的報酬就化為烏有。任誰都不會覺得這是個合算的買賣，漸漸的，也沒有人想當警察了。

這樣便是本末倒置。

那再用別的方式改變規則看看。

在過去的賽局構造中，「警察巡邏、小偷不出現」的情況，則警察的利益為「−1」。簡單來說，這是因為做了無謂的行動而損失利益的想法。

為了改變這個思考方式，新增制度：出勤巡邏可得「一日一千元」的特別獎金。

小偷不出現時的巡邏

過去的賽局構造 **↓執行無謂的勤務所以損失利益（−1）**

新的賽局構造 **↓一日一千元的特別獎金（+1）**

這樣一來，不論小偷是否進屋偷竊，警察都會巡邏。如果逮獲正在進屋偷竊的小偷還有更高額的獎金，相信這個制度能更加提高警察的執勤動機。

不著眼於「個人」，而把重點放在「賽局構造」

這個例子也能確實看到學習賽局理論所獲得的三種能力（一、理解賽局的構造；二、預測未來；三、找到適當的解決方式）起了作用。

因為理解賽局的構造，產生「處罰警察五十萬元罰金」的解決方式，並且預測未來將產生「沒有人要當警察」的問題。

然後再有新的想法，產出「巡邏就有報酬」的解決方式。

這在日本是不常見的制度，海外則有居民或自治團體出錢，實際施行提高警察素質的制度。

在日本，警察確實執行業務是理所當然的事。因此，「怎麼可以偷懶」這樣的基於倫理或常識的觀點，就會影響解決事物的傾向。

但是，勢必要有更合理的解決方法在必要時候拿出來使用。例如政治家或官僚、教職員、企業等，只要求倫理無法解決的狀況。

面對這種問題，必須從根本改變賽局的構造。

強化罰則、創立新的獎勵制度就是有效的方法，或是將該職位或立場的條件設得更嚴格、公開資訊等，有各式各樣的方式。

發生問題的時候，不要只是糾正個人，檢討發生該問題的賽局構造，找出問題原因才是最重要的。社會或職場上的問題、親戚或朋友間的人際關係等，設定應該執行的規則，改變賽局的構造，就能收到超乎想像的效果。

霍特林賽局——店開在哪裡才賺錢？

前面介紹的賽局全是「2 × 2的賽局」（玩家二人，二人各有二個選項的賽局），但是會發生的狀況不只有四個那麼簡單，像是囚犯困境或協調賽局等就有多樣的利害關係。

當然，現實生活中選項有二個以上的狀況也不少。這種狀況的例子我們可以透過霍特林賽局來認識，請看左頁的圖。

你現在打算成為一間冰淇淋店的老闆。

和過去提到的賽局不同，老闆能自行決定開店的場所。也因此，會發生的狀況也非常多。要從那麼多的狀況來預測結果是很困難的，這裡舉出三個選項a、b、c。三個選項中只有一個達到奈許均衡，你知道是哪一個嗎？

從結論來說，a即為解答。

為什麼a「二店皆開在中央」是正解呢？我們來仔細思考看看。

原本對消費者來說，c「距離二端各二十五公尺的地方」，A店和B店各自開店是最方便的。因為對在距離店面位置最遠的人來說，走二十五公尺就能買到冰淇淋。

霍特林賽局的例子

某片沙灘上，有A和B二家冰淇淋店想在那裡開店，這片沙灘約一百公尺，遊客也均等的分散在海水浴場。
那麼，二家店的老闆會在哪裡開店呢？

a 二家店都在沙灘中央開店

b 二家店各在沙灘二端開店

c 二家店各在距離兩端各25公尺處開店

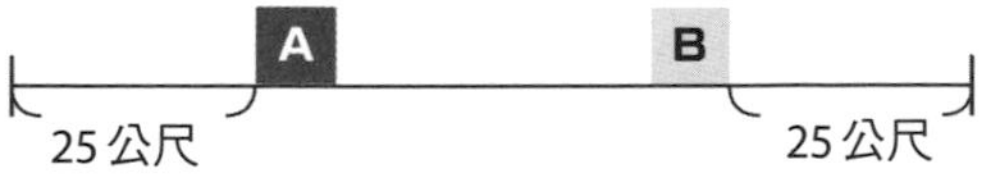

假設以消費者為優先的A店老闆，打算在距離沙灘左端二十五公尺的地方開店。

這時，B店的老闆會怎麼想呢？

如果A店在距離左端二十五公尺的地方開店，B店老闆應該會想在它旁邊開店。因為如此一來，從沙灘右側數來七十五公尺，都是B店的範圍了。

而A店不可能看著這樣的狀況在眼前發生。

A店打算比B店更往中心移動，想把那七十五公尺變成自己的範圍。這樣一來B店也不能坐視不管，它也想比A店更靠近中心，好奪取A店的區域範圍。

這個激烈的區域爭奪戰，最後的結果就是**二店都開在沙灘正中央**（中央以左是A店的範圍，右側則為B店的區域）。

對一般消費者（特別是在沙灘二端遊玩的旅客）來說不是很方便，但考慮店家的利益，這個位置是非常好的。

日本拉麵店為何集中在車站前？

這個賽局構造，也能在各種場合觀察到。

例如，日本的車站前總是有塊區域固定開著幾間拉麵店，這也是能表現霍特林賽局的一個實例。

通常車站的周邊為住宅區，如此一來我們便可以把車站當成沙灘的中央位置。不知道這個賽局構造的人，可能會想「在同一個地方開這麼多拉麵店，有搞頭嗎？」但實際上這可是有理由的。

因為每個人都想著「要增加自己店面的集客範圍」，自然就會集中在車站前了。

此外，有著「拉麵激戰區」之名的場所，或是秋葉原的電氣街等，還可以看到集中在同一地帶的其他理由。

那就是**因為集中而產生區域品牌化**的模式。

霍特林賽局的構造

對消費者來說，「距離二端各25公尺處的位置」，A和B各自開店是最方便的。因為就算是距離店家最遠的客人，也只要步行25公尺就能買到冰淇淋。

但是，當A店為了顧客著想……

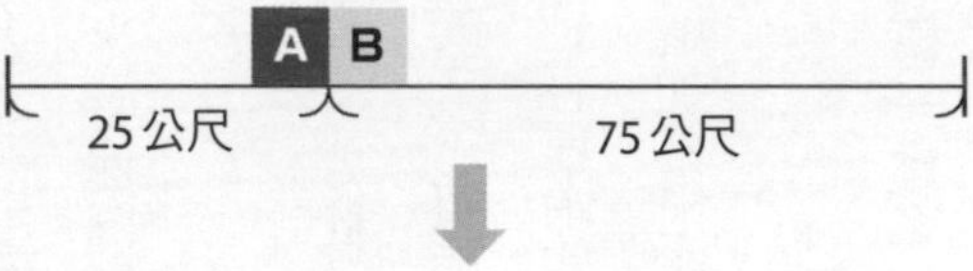

沙灘右側75公尺的範圍，將變成B店的營業區域

A店不可能認同這樣的狀況，決定擴大營業範圍

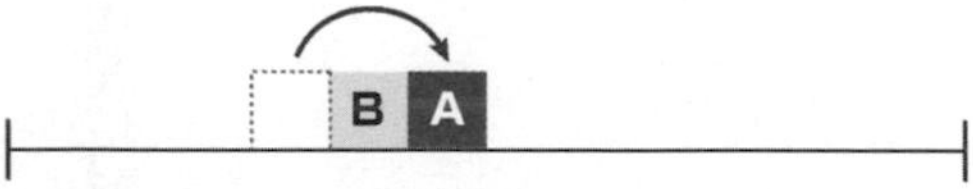

結果，A店和B店都選擇 ⓐ！

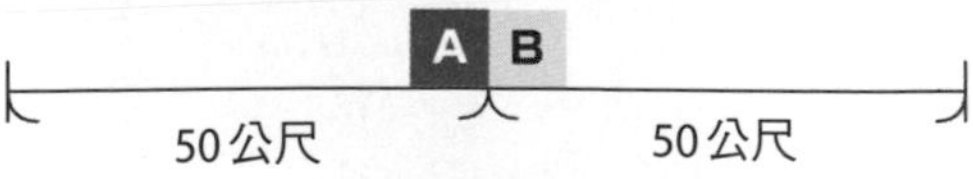

電子用品店集中的地區，可以讓人有「說到三C產品就想到秋葉原」的印象。這個結果，讓居住在較遠地區的人也願意搭乘電車前往秋葉原，而現在的秋葉原還進化成除了電子產品外，也是動漫、模型、素人偶像等的聚集地，有著「宅文化聖地」之稱。除了在日本國內具有指標性，對海外人士來說也非常知名。

就像日本人想到名牌，就會去紐約的第五大道或是香港、巴黎等，外國人想到電子產品或是「日本漫畫」也會來造訪秋葉原。

自民黨和電視節目的共同點

各政黨提出的政策中也看得到霍特林賽局的構造。

例如二個極端的政策：「革新的政策」和「保守的政策」，以沙灘為例，可想成左端為極度革新的政策，而右端為極度保守的政策。

沙灘上的遊客，可視為全都是有投票權的人們。

但是，不管是革新或保守，過於極端的政策很難獲得多數人的支持。為了得到政權，政黨應該提出能讓更多人理解和支持的政策才是。

因此便會產生「基本原則為革新，但也會納入保守派的要素」這樣趨於中庸之道的政策，這即是往沙灘中央靠近。

極度保守的政策也一樣，以「基本原則為保守，但也會納入革新派的要素」往中央靠近。這樣的結果，造成各政黨的政策變得相似。

「自民黨和民主黨不都一樣」一定有人這麼想，但從賽局理論的角度來看，這是個非常自然的發展。

霍特林賽局，有著找到讓更多人利用此場所的目的。仔細思考這個賽局構造，就可以了解愈靠近中央（平均點），愈有利這個結論。

如此一來，就算政黨沒有得到特定人士的熱烈支持，也能讓多數人覺得「這政黨的政策還不壞」，爭取到中間選民的認同。

電視節目也有一樣的賽局構造。

節目和選舉一樣，得到收視率是很重要的。收視率的高低，將決定贊助商願意提供多少資金，也會大幅影響到電視台的收益。

一般來說，各電視台都希望擁有「熱烈支持的粉絲」或是「習慣性收看的觀眾」。

因此，才會讓各家電視台的節目內容愈來愈相似。

當益智節目流行的時候，黃金時段就會跑出許多益智節目；一分鐘笑話的節目有高收視率時，這種搞笑節目也會如雨後春筍般出現。每一台會在同樣的時段播出政論節目，也會請來路線相似的評論員和主持人。

或許有人覺得「每台都是一樣的節目，好無聊」，但當利用這樣的模式能獲得商業利益時，這樣的生態是很難改變的。

電視節目和選舉這樣的例子，可以用大家採取同樣行動的協調賽局來解讀，也能以為了得到更多的支持，而往中央靠攏的霍特林賽局來審視。

要在這種同調構造中，製播一個獨樹一格的節目是很難的。這就像是在以綜藝節目為中心的時段，推出政論節目或播放紀錄片等。

若是有某電視台力圖改變節目的型態，建議各位讀者不妨花一段時間注意這件事。這個新嘗試如果有了好成績，其他電視台就會跟進；如果收視率沒有起色，那麼就會默默的又回到原本的節目型態。

在懂得賽局理論的前提下看社會上的各種事物，就能發現更多的樂趣，不是嗎？

第4章

動態賽局——時間，可以解決問題

CHAPTER 4

隨時間流動而變化的「動態賽局」

本章將解說「動態賽局」(dynamic game)。

動態賽局並不是一個特定的賽局，而是一個統稱。

那麼，「動態的」是指什麼樣的狀況？

答案是，「隨著時間經過」。也就是說，**「隨著時間經過，賽局發展也會產生變化」**的構造。

之前介紹的賽局，原則上並沒有時間流的問題。

囚犯困境中，被逮捕的二名囚犯要「認罪或沉默」是當場決定的。並不是囚犯B看了囚犯A的決定，才判斷該做什麼決定的形式。

如此，各玩家同時（不考慮時間經過）下判斷的賽局型式，在賽局理論中分類為「同步賽局」(Simultaneous game)。如字面所述，也就是「同時決定下一步」。

另一方面，本章說明的動態賽局有著時間流的影響，而這部分為重要關鍵。

接下來我將介紹「**擴展型賽局**」（extensive–form game）和「**重複賽局**」（Repeated game）二種賽局模式，仔細檢驗時間是如何影響賽局構造。

擴展型賽局：你出招、我再出手

第一個要介紹的是「擴展型賽局」。

這個賽局的特徵在於，判斷的時機將會按照**順序**進行。假設有A和B二個玩家，就是A出招後，B再出手的方式。西洋棋或圍棋、將棋等一對一進行的賽局，大多是以這個方式進行。

玩家A的選擇會對玩家B產生什麼影響？這具有相當大的意義。

擴展型賽局的代表例子有「參加賽局」，請看下頁的圖。

從擴展型賽局，思考二家工廠的選擇

某個城市裡有個麵包工廠A。
A工廠是城市裡唯一的麵包工廠，市場占有率百分之百。但是，B工廠打算進入這個城市開業。
B工廠應該進入，或是取消開業的決定呢？而面對B工廠的加入，A工廠又該如何應對呢？

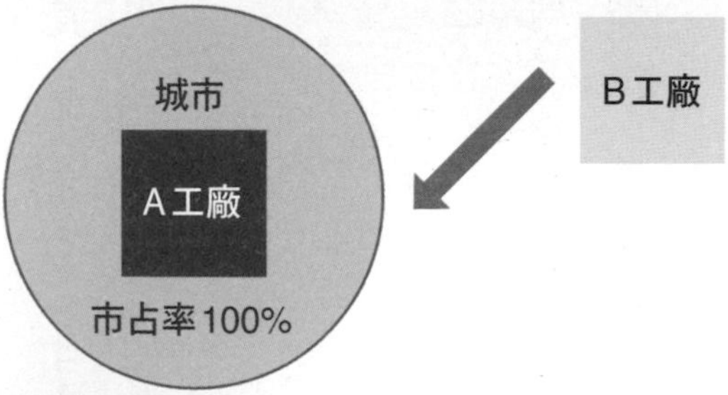

A工廠的選擇

❶ 戰鬥 ❷ 合作

B工廠的選擇

❶ 進入 ❷ 不進入

B工廠擁有二個選項——「進入」或「不進入」。

此時，A工廠有什麼樣的選擇呢？

假設B工廠已經決定進入，則A工廠的選項有「戰鬥」或「合作」。

「戰鬥」指的是反覆的價格戰等，不讓B工廠奪去市場占有率的徹底抗戰。

「合作」指的是和B工廠簽署協定，彼此友好的分享廣大市場，以雙方皆能認同的方式進行事業。就結果來說，B工廠會從A工廠手中分得幾成的市場占有率。

A工廠的選項　⬇一、戰鬥。二、合作。

B工廠的選項　⬇一、進入。二、不進入。

前面介紹的賽局，我們都用「2×2表格」來檢討各個選項。

但是，那樣並不能正確表示時間的經過和判斷的順序。擴展型賽局，我們將使用「賽局樹」把整體的狀況做個整理。

透過「賽局樹」來觀察時間流

賽局樹，**是順著判斷的順序將每個玩家的選項，以「分枝」來表述的方式。**

首先，B工廠必須決定是否「進入」。因為A工廠原本獨占市場，所以將A工廠一直以來的利益設為「3」。如果，B工廠不加入市場的話利益為「0」。

B工廠不進入 ➡A工廠的利益為「3」，B工廠的利益為「0」。

B工廠選擇「進入」的時候，判斷的順序就換成A工廠了。

如同前面所述，A工廠的選項有「戰鬥」和「合作」。

隨著B工廠的加入，A工廠將損失一部分利益。把事情看得重一點，則A工廠將選擇「戰鬥」。

但是，「戰鬥」這個選項伴隨著風險。除了價格競爭，還會發生交易方和進貨商的爭奪，雙方都會有損失。

這時候，A、B二家工廠得到的利益都是「–1」。

B工廠進入，A工廠戰鬥 ➡A、B二家工廠得到的利益都是「–1」。

那麼，A工廠決定合作的時候情況又會如何演變呢？

A工廠將無法再得到獨占市場時的利益「3」，但A、B二工廠的利益將會是「1」。

B工廠進入，A工廠合作　➡A、B二家工廠得到的利益都是「1」。

利用賽局樹將狀況做個整理，看看究竟實際的發展會是如何？

時間流能夠大幅左右賽局

在導出正解之前，我想釐清賽局理論的研究者是如何檢驗參加賽局的。

他們先製作「2×2表格」，打算找出奈許均衡。要選出最佳答案，這個做法果然還是最適合的。

A工廠的選項有「戰鬥」和「合作」。

B工廠的選項有「進入」和「不進入」。

用賽局樹整理狀況

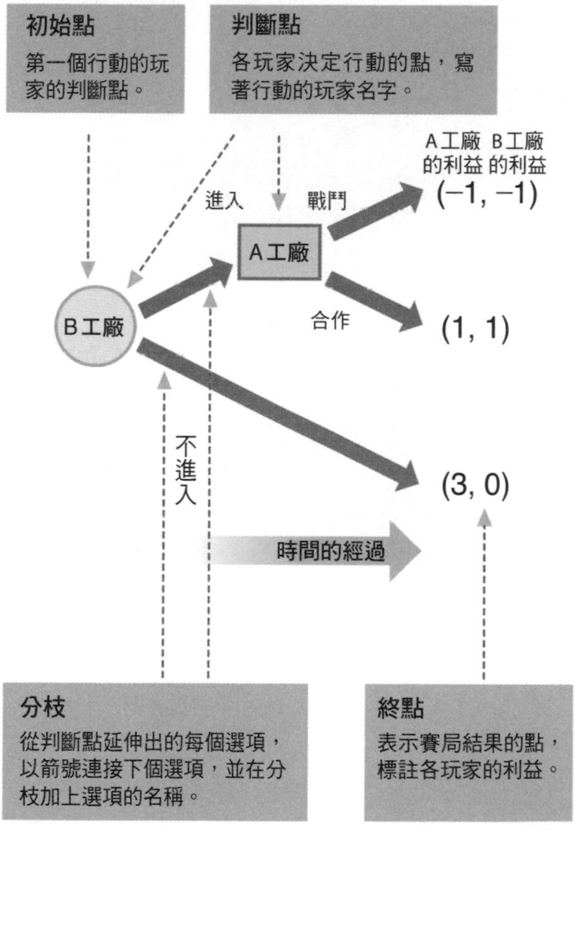
初始點
第一個行動的玩家的判斷點。
判斷點
各玩家決定行動的點，寫著行動的玩家名字。
A工廠 的利益
B工廠 的利益
進入
戰鬥
(−1, −1)
A工廠
B工廠
合作
(1, 1)
不進入
(3, 0)
時間的經過
分枝
從判斷點延伸出的每個選項，以箭號連接下個選項，並在分枝加上選項的名稱。
終點
表示賽局結果的點，標註各玩家的利益。

首先，考慮A工廠的立場。

B工廠加入的話，選擇「戰鬥」得到的利益是「-1」，選擇合作則是「1」。

所以當然要選擇「合作」。

B工廠選擇不進入的話，不論是「戰鬥」或「合作」得到的利益都是「3」。這個時候，因為雙方都獲得最大利益「3」，在此將二個3都圈起來。

接著，站在B工廠的角度思考。

A工廠選擇「戰鬥」的時候，選擇「進入」得到的利益是「-1」，「不進入」是「0」。

當然要選擇「不進入」，把「0」圈起來。

A工廠選擇「合作」的話，「進入」得到的利益是「1」，選擇「不進入」則是「0」。

以「2 × 2」表格尋找奈許均衡

B工廠

A工廠	進 入	不進入
戰 鬥	−1,−1	3, 0
合 作	1, 1	3, 0

奈許均衡有二處

❶「A戰鬥 × B不進入」

❷「A合作 × B進入」

但是，1.「A戰鬥×B不進入」
真的會發生嗎？

當然會選擇進入，把「1」圈起來。

由此可知，奈許均衡有二處：「A戰鬥×B不進入」和「A合作×B進入」。

本書已經介紹過得出複數奈許均衡的賽局，如「協調賽局」和「膽小鬼賽局」（見第三章）。這些賽局，在實際的狀況中都是能得到多個奈許均衡的模型（有可能會選擇奈許均衡1，也有可能會選擇奈許均衡2），因此要預想會選擇哪個均衡是困難的。

但是，實際進行這個參加賽局時，則二個奈許均衡中，有一方在現實中是不會發生的。你知道是哪一個嗎？

答案是「A戰鬥×B不進入」。

仔細思考之後，會發現這個奈許均衡有些稍微不太一樣的地方，我們來仔細檢驗看看。

對B工廠來說，無論如何都想要避免「進入市場，但遭A工廠徹底抗戰」的狀況。因為這是得到利益「-1」的最壞狀況，為了避免這個情形，才會產生「B工廠不進入」的狀態。

但是，當B工廠進入時，A工廠真的會選擇戰鬥嗎？

這裡是重要關鍵。B工廠一旦決定「進入」，A工廠就失去了戰鬥的優勢。戰鬥的話利益是「-1」，合作的話是「1」，結果就是選擇「合作」。

換句話說，以A工廠會選擇「戰鬥」為前提來討論，是沒有意義的。

就賽局構造來說，A工廠是以「你要是加入市場，我就會徹底抵抗！」來威脅意圖進入的B工廠，並強調對手的不利，「你就算加入市場，等著你的也只有『-1』這種利益」。

不過，B工廠真的進入以後，A工廠將態度丕變選擇「合作」。

為什麼會有這麼大的不同？

這是因為**時間流將大幅影響判斷的順序**。

在B工廠進入的前與後，A工廠的最佳選擇會隨著時間改變。**和時間流有關係的賽局，隨著時間經過，最佳選擇改變的情況，將會頻繁發生**。因此，實際上沒有奈許均衡可選的狀況也會經常出現。為了達成正確的預測，我們必須排除「奇怪的奈許均衡」。

利用「反向歸納」，找出「最好的行動」

研究者持續檢驗，找到排除「奇怪的奈許均衡」的方法。

那就是「反向歸納」（backward induction，也稱逆向歸納法）。

光看文字可能覺得很困難，但這其實是一個非常簡單，又容易懂的方法。

判斷的順序，將大幅影響賽局

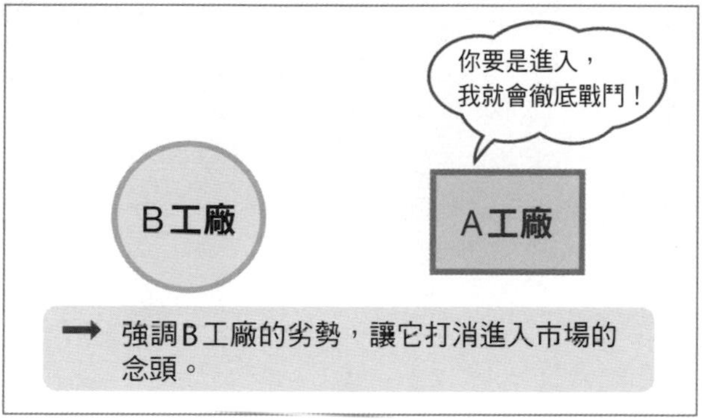

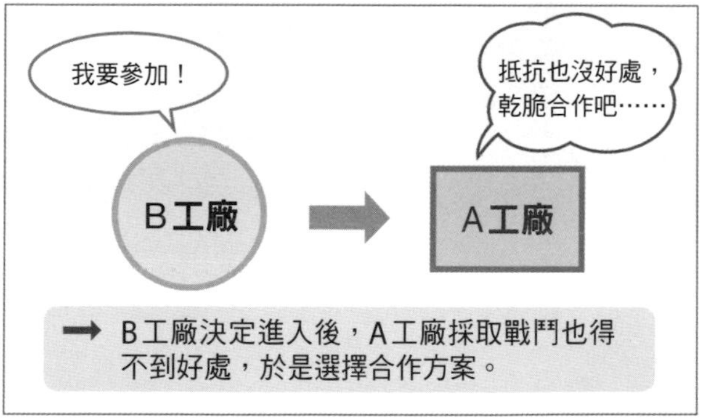

隨著時間經過，「最佳選擇」的選項，也會改變。

反向歸納，是從最後下判斷的人開始，依序選擇最適合的行動，一個個消除不適當選項的方法。

例如在前述的參加賽局中，B工廠的「進入或不進入」是最初的判斷，接著才由A工廠決定「戰鬥或合作」。

反向歸納則要從最後下判斷的A工廠開始進行思考。

選擇「戰鬥」而得到的利益 → 「–1」

選擇「合作」而得到的利益 → 「1」

看了這個比較，就能很快了解A工廠會做出怎樣的判斷。當然是「合作」，因此可消去「戰鬥」的選項。

接著輪到B工廠的選項「進入或不進入」，已知A工廠會選擇「合作」，則B工廠的判斷基準如下。

選擇「進入」而得到的利益　➡「1」
選擇「不進入」而得到的利益　➡「0」

這個結果，將讓B工廠選擇「進入」，因此可消去「不進入」的選項。結果只剩下「A合作×B進入」的選擇。像這樣一個一個消去不考慮的選項，預測可能發生的結果，即為反向歸納。只要不弄錯順序，就可以排除奇怪的奈許均衡，選出適當的奈許均衡。

實際上，綜觀A工廠和B工廠的判斷後，可以得到「B工廠進入，A工廠合作」是最合理的行動。

如參加賽局這種和時間流及判斷順序相關的賽局構造，往前回溯來思考最適合的選項，是最有效的方法。

利用「反向歸納」，預測最佳的行動

從最後判斷的人開始選擇最適合的行動，消去非最適合的選項。

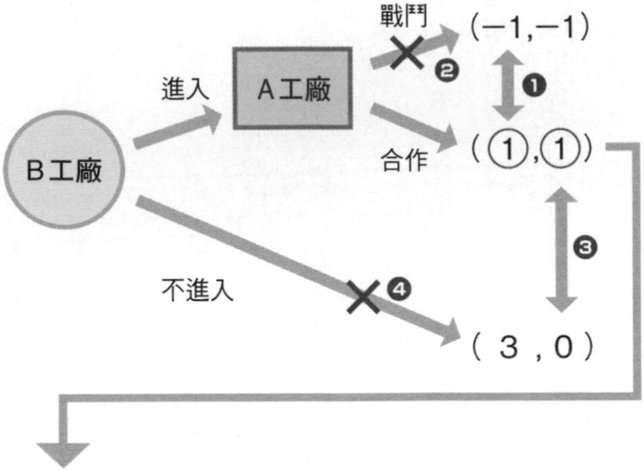

❶ 先比較A工廠的判斷。

❷ 消去「戰鬥」這個選項。

❸ 再比較B工廠的判斷。

❹ 消去「不進入」這個選項。

找出「賽局的必勝法」

為了練習反向歸納，再介紹一個簡單的賽局。

二個玩家各念幾個數字，念到「10」的人就輸了。

一次最多可念三個數字。

例如A念「1，2，3」；B念「4，5」；A又念「6」這樣的進行方式。

以前，電視節目裡玩過「數到100就輸了」的遊戲，基本上是同樣構造的賽局。

這個遊戲有必勝法，你知道是什麼嗎？

使用反向歸納思考法，找到賽局的必勝法。

讓對方念到「10」是你的最終目的，所以**只要讓自己念到「9」就行了**。

念到「9」有三個方式，「7，8，9」、「8，9」和「9」。

也就是說，當對方念到「6」，自己就肯定能念到「9」。而要讓對方念到「6」，自己則必須念到「5」。

要怎麼做才能讓自己念到「5」？

要念到「5」有三個方式，「3，4，5」、「4，5」和「5」。

換句話說，只要對方念到「2」，自己就能準確念到「5」。

看到這裡你應該知道必勝法是什麼了吧！

自己先念，只念「1」，當對方口中念出「2」的時候你的勝利就到手了。就算讓對方先，只要他不知道這個必勝法，你還是有相當的勝算。

或者對方念出「1，2」甚至念出「1，2，3」則你將勝利在握，因為只要自己再念出「3，4，5」或是「4，5」遊戲就算結束了（因為對方勢必得到從「6」開始念）。

這個方式僅限一對一的比賽，不管數字有多大，必勝法都不會改變。記得這個因反向歸納發揮效果的例子，對預測未來的能力將大有幫助。

在這個例子當中，也能夠了解賽局理論確實能實際發揮功能（一、理解賽局的構造，二、預測未來，三、找到適當的解決方案）。

「時間矛盾」的問題——空包彈式的威脅

如同參加賽局，隨著時間經過，最佳行動就會改變的問題，在經濟學的領域稱為「時間矛盾」（time-inconsistency）。

請回想參加賽局中使用的賽局樹（見第一五九頁）。

B工廠進入市場之前，A工廠的最佳行動是「戰鬥」，實際上也表現出強硬的姿態：「如果你加入市場，我們會徹底抵抗的！」。

但是，B工廠進入之後，真的發動戰爭的話，A工廠也會有損失。換句話說，「合作」變成了最佳行動。

這即為時間矛盾的問題，A工廠表現出的強勢姿態只是「空包彈」。

不知道參加賽局構造的人也許多少有嚇阻作用，但對學過賽局理論的我們來說，空包彈是沒有意義的。

關於空包彈問題，必須注意的是，它不單純只是一種推演下的手段。在日常生活中也能經常看見，**我們其實很容易就使出沒有效果的空包彈手段**。

日常生活中的「空包彈」

例如家長正在教育小孩的時候。

小孩正在玩火。看到小孩玩火的家長說：「下次再玩火就要修理你喔！」

但是，小孩又玩火了。家長當然生氣了，但小孩哭泣著，看起來似乎也有在反省。

於是家長想，「修理他好像太可憐了」，只給予口頭警告就了事。

這就是典型的空包彈啊！

先不論修理小孩是好是壞，在這過程中，「下次再玩火就要修理你喔！」這句話根本一點意義也沒有。

小孩透過這經驗學習到的是，「就算玩火，也不會真的被修理」，反而沒學到「不能玩火」這個重要的概念。雖不至於如同參加賽局中的B工廠，「進入後就是我的天下了」這種想法，卻也沒有充分傳達玩火的風險。

我的朋友中有個這樣的人。

為了讓五歲的小孩遵守幫忙做家事的約定，對小孩說「下次違反約定的話，我就一輩子不買玩具給你喔」。

不管怎麼想，這都是個不實際的說法。「一輩子不買玩具」這個約定，在不久之後就會讓身為家長的自己給違反了，這是個典型的空包彈。

如果一定要立個規則，就應該說個可能執行的罰則，如「下次違反約定的話，今年就沒有聖誕禮物囉」，這個對教育來說會有比較好的效果。

當然，親子間的關係不只有空包彈問題。

但只要注意觀察的話，你會發現，像這樣利用空包彈來教育的家長，有許多人都是失敗的。

有些老師以「一週測驗一次」，來讓學生養成讀書的習慣。

但是，實際上卻沒有考試。

當你問那個老師，「為什麼沒有舉行考試呢？」他會挺起胸膛回答，「我真正的目的不是要考試，而是要讓學生養成讀書的習慣」。

這真是狗屁不通，如果「考試」只是個空包彈，那麼學生肯定不會讀書。

職場中也是，當經營者或管理者宣告「不遵守〇〇的話，就給你△△懲罰」，結果卻沒執行的時候也一樣。

部下會當作沒這回事，工作動力也會下降。不遵守規範的人會覺得「沒被懲罰，太幸運了！」守規範的人則是感覺「認真的話就輸了」。

結果，整個部門漫延著「老闆的話不聽也沒關係」的風氣。

不管是家長教育小孩的時候，或者經營者對員工提出規範和罰則的場面，都是在當下判斷這樣的手段為最佳選項，因此並非從一開始就覺得「自己說的話是空包彈」。

教育孩子的時候，很多家長都認真覺得「即使必須懲罰他，也要他遵守規定」。但是，在他沒實際遵守規定的時候，卻因為疼小孩而不施予懲罰。多數的家長在那時都認為「自己做了正確的判斷」，卻沒注意到自己的教育方式，讓自己說過的話成為空包彈。

這完全是**因為時間而產生前後矛盾**的問題。

我們學習賽局理論，也懂得使用賽局樹來檢驗時間流。應該活用這個知識，盡可能的正確預測接下來的發展。

如果，小孩下次又玩火的話，要怎麼做？

如果，員工不遵守規範的話，要怎麼做？

如果不能事先想好這些事情，自然容易讓說過的話變成空包彈。

能夠理解賽局的構造、預測未來的話，就能找到更正確的解決方案（適當的罰則和鼓勵）。

守住稀有價值的方法：學習怎麼賣平版畫

世界上，有許多時間矛盾的問題會以各種樣貌出現。

在某個時期A為最佳選項，下個瞬間又換成B了，而這樣的狀況會引發問題。

要如何解決這樣的問題呢？

解決方案之一為「**創造必須遵守約定的狀況**」。以下介紹實際案例，請一起找出解決方案。

想像你正在買一幅平版畫（lithograph）。

平版畫是版畫的一種，只要保存原版，不管幾張都能複印出來。

但是，和大部分的美術品一樣，數量愈少的話，則價值愈高。也就是說，雖然能複印出無數張，但只要沒有界限的量產，就會破壞其為美術品的價值。

因此，一般的平版畫為了維持稀有價值，會採取「一百張限定」等形式加上編號來販賣。應該有人在作品的角落看過「25／100」這樣的編號吧！這是複印一百張中的第二十五張這樣的意思，只複印一百張以提高價值，再以高價販售即為製作者的最佳選擇。

但是，一百張全部賣完後該如何呢？

因為留有原版，再次增加複印即可再次獲利。走到這個階段，「複印一百張以上吧」對製作者來說將成為最佳選項。

然而，典型的時間矛盾問題發生了。

當然，不是「只要能賺錢就再複印吧」這樣單純的問題。若是製作並販賣超過約定的一百張，則製作者和畫商的信譽即將掃地。最初購買的人會抱怨「和說好的不一樣」，再也不會相信他們。

換言之，「絕對不會增加複印」的約定若不受重視，就不會有人以高價購買平版畫。

為了解決這個時間矛盾問題，平版畫業界會採用「限定張數複印完成後，將廢棄原版」的方法。廢棄之後，在物理上就不可能破壞「絕不增加複印」的約定，讓人對約定有信賴感。雖然破壞有藝術價值的東西令人感到惋惜，但要解決時間矛盾的問題，像這樣大刀闊斧的解決方案是必須的。

解決「時間矛盾」的問題：以平版畫的販售為例

重點

創造必須遵守約定的情境

平版畫的例子

限定100張的平版畫賣完了

為了保障限定的價值，廢棄原版

↓

自然產生信用，期待賣家下一個推出的作品

因為能賺錢，再次複印

↓

買家抱怨「和說好的不一樣」，導致信用破產

如何讓更多新技術獲得開發：特許權制度

研究開發和特許販售之間的關係，也能看到時間矛盾的問題。

舉一個例子，我們來想想開發新藥的狀況。

新型流感出現，舊有的藥已經無法與其對抗。所以，製藥公司投入大量研究費用，準備開發新的疫苗。

這當然產生極大的成本，但是只要新藥成功出爐，將可獨家販售，可以預期會有相當的利益回報。

此時，能保障製藥公司利益的，就是「特許制度」。

因為得到認可，製藥公司能夠以高價販賣藥品，所得利益則又能投入新的研究開發。

B型肝炎、愛滋病、癌症、白血病等所有的病症，每天都有人在研究能完全治癒這些疾病的特效藥。被病痛折磨的病人衷心期待這些藥的出現，也希望「就算得花許多錢，也想要特效藥快點開發出來」。

但是，在特效藥完成之際，卻因為新藥價格過高而無法使用在治療上。

這次，特許制度成為擋在患者前面的障礙了。

於是患者覺得，「一直保護製藥公司的利益也太奇怪了」。明明是因為特許制度而完成開發的藥品，卻也因為這個制度招來患者的痛苦。

但是，若屈服於患者的聲音，新藥完成後沒有特許保障，會產生更大的問題。沒有能對應巨大開發費用的利益產生，製藥公司說不定得倒閉。如果在開發新藥前就預見這樣的結果，製藥公司絕不願意投入開發。

「開發成功的話，就發給你特許權」，如果這個約定不值得信任，就像空包彈一樣無法讓製藥公司投入開發新藥了。**特許權不能只靠口頭約定，必須制定法令，並有著不能輕易改變的規則，否則特許制度就沒有用**。

不止新藥，開發新商品或新技術時，也有某一結構解決了時間矛盾的問題。因為「製藥公司賺太多了」或是「新藥太貴了」這種理由反對特許制度的人，就是陷入了時間矛盾的問題。

特許制度並不是為了製藥公司而存在，別忘了，它也是為了等待新藥開發的大多數病患而存在的制度。

為什麼精品不打折？

解決時間矛盾問題的方法，還有「建立長期關係」這種方式。事實上，因為建立了長期關係而順利處理問題的例子非常多。

請回想二〇〇八年發生的次級房貸問題，當時信用評等公司的存在得到世界級的注目。許多專家分析，得到信用評等公司保證的證券，其實是具有高風險的商品，因此導致金融危機擴大。

到底信用評等公司是透過什麼樣的結構成立的呢？

簡單來說，信用評等公司得到來自客戶端的金錢後，對該企業評價其信用度。

舉個簡單的例子。

A公司發行股票，打算蒐集資金。

但是，因為沒有人知道A公司，股票賣不出去。

於是A公司付給信用評等公司B一筆錢，請對方為自己做信用度評價。

受到社會信賴的B公司只要給予保證，A公司的股票就能賣出。

結果，因為B公司發表「A公司是間優良的公司」，A公司的股票開始賣出，成功蒐集足夠的資金。

這是極端表現信用評等公司和客戶關係的例子。不覺得有些奇怪嗎？

回頭想想，信用評等公司B因為收了A公司的錢，做出「A公司是間優良的公司」的評價是理所當然的。刻意說客戶的壞話，讓對方不高興是沒有必要的。

但是，在「因為收了錢，所以給予高評價」的關係下，還有信用評等公司的存在意義嗎？

這裡和時間矛盾問題有很大的關係。

信用評等公司很重視和客戶企業之間的關係，如果只考慮短期利益，給予「你的公司很優秀」這種高評價是最快的了，這個結果讓雙方都很開心。可是，給予高評價的企業，若是個會背地裡從事不法行為的爛公司，又該怎麼辦？

相信信用評等公司的話而購買股票、締結契約的人，一定不會再相信信用評等公司了。

對信用評等公司來說，社會的信賴就是生命。失去信用，也就失去了公司的存在價值。

「你的公司很優秀」如果這樣的評價不值得信賴，就無法當作購買股票或選擇貿易對象的資訊，而且也不會有企業為了這種沒有意義的評價而付錢。

換言之，信用評等公司一旦考慮長期效益，就必須對顧客企業嚴格審查，做出公正的評價，以維持社會信用。這就是信用評等公司的品牌效果。

再舉一個和生活比較相近的例子。

高級外國車的營業處及高級名牌店的策略。

經營高級名牌物品的店家，基本上是不會做折扣的。到底這是為什麼？如果退流行的商品成為倉庫存貨，一定會產生就算降價也要把它賣掉的心情。反正都是要丟掉的東西，如果能有一點回收肯定是比較好的。

但是，這裡有個大陷阱。

如果高級品打折了，那麼消費者就會知道「等一段時間，價格就會下降」。這樣一來，就不可能再用原價把商品賣出了。

所以，高級名牌物品才會不二價販賣。

只考慮短期利益，無法養成、維持品牌。擁有長期觀點，持續能獲得社會信賴的策略，才能培育出真正的品牌。

要持續商業行為，就必須締造企業和客戶間的長期信賴關係。有了這個關係，大多數的時間矛盾問題都能解決。

「重複賽局」和「扣扳機策略」

說到用長期關係來解決問題，就不得不提「重複賽局」。

接著要跟各位讀者介紹的是，因為重複同樣的賽局，賽局的構造將如何改變，並如何影響玩家之間的關係。

先回溯囚犯困境，二個囚犯都背叛對方採取「認罪」的行動，完成奈許

以長期利益為重的賽局：以信用評等公司為例

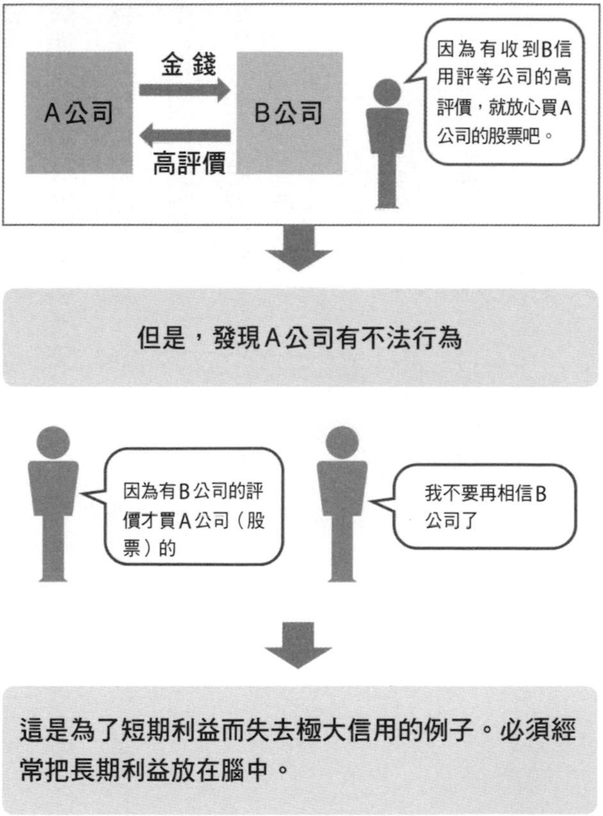

均衡。

但是，這是以賽局一次就結束為前提。

假設這個賽局會無限重複，那麼雙方又會採取什麼行動？還會像以前一樣，選擇「認罪」這個對彼此來說，都不是最佳選項的行動嗎？還是，我們能觀察到更不一樣的行為呢？

由於多位研究者的努力，終於得到了最終結論。

根據資料，得到二個人都採取「沉默」這個選項。

自然而然的選擇了對雙方來說最佳的選項，成功脫離困境。

為什麼會產生這樣的結果？不覺得這件事很有趣嗎？

接下來請一起思考看看，光是重複賽局，支配全體的賽局會發生哪些變化？

只發生一次的囚犯困境賽局，如果被對方背叛也就結束了。自己「沉默」而對方「認罪」，就是自己受到傷害。因此，當然不會選擇沉默這個選項。

但是，重複賽局則能夠採取「對方背叛我就讓他好看」的策略。這是個重要關鍵。

這二人原本就已經知道「什麼是最佳選擇」，也就是自己沉默，對方也沉默。雖然知道最佳選項在哪裡，卻因為無法抹去「如果對方背叛了……」的想法，才會不做出最佳選擇，這就是被稱為「困境」的原因。

但是，當「對方背叛我就讓他好看」的策略成為可能，就會產生某種信賴關係。「如果你背叛了，接下來我就會讓你處於不利的狀態」雙方透過這樣的互相威脅，將成立一種奇妙的合作關係。

這就是重複賽局的一大特徵。

敵我雙方，在只有一次的賽局將陷入困境，但**重複賽局發生時，卻可能建立起合作關係**。

將無限重複的賽局視為大型賽局，而會成為奈許均衡的選項，即是採取合作關係。研究賽局理論的學者稱這樣的結論為「無名氏定理[1]」（folk theorem）。一旦出現如無限重複的囚犯困境賽局情況，卻反而出現合作的結果，便符合「無名氏定理」。

就算是在短期關係中極可能背叛對方的狀況，只要關係變成長期的（或是重複），就有很多例子表現出能好好維持合作關係。

敵對企業締結協定，維持企業聯盟就是其中一例。

石油輸出國組織（OPEC）能夠長期持續運作，便是因為「無名氏定理」發揮作用的關係。伊朗、伊拉克、科威特、沙烏地阿拉伯等國家，在政治上絕不可能有良好關係，之所以能繼續保持合作，就是因為有重複賽局的構造，「對方背叛我就讓他好看」這個無形的壓力確實的展現功能。

順帶一提，將對方的行動視為扳機，然後決定自己行動的做法稱為「扣扳機策略」（trigger strategy）。將扣下扳機的手槍互指對方，就能維持著奇妙的合作關係。

砸了，你才會買——陶藝家的「品牌策略」

以前，我看過一個採訪著名陶藝家工作現場的電視節目。

陶藝家小心的將燒好的作品從窯裡取出，仔細檢查細節。如果發現任何一點不滿意的地方，就會毫不猶豫的砸爛它。

看到這一幕的記者重重的嘆了口氣，「太浪費了，如果要弄壞它的話，不如送給我吧」。

1. 無名氏定理之所以得名，是由於重複賽局促進合作的理論，早就有很多人提出，以致無法追溯原創者，於是以「無名氏」命名之。

在「重複賽局」下，囚犯困境將獲得解決

● 重複賽局

不是一次就結束，「賽局」是會重複的。

以囚犯困境為例，「對方背叛我就讓他好看」的選擇成為可能。

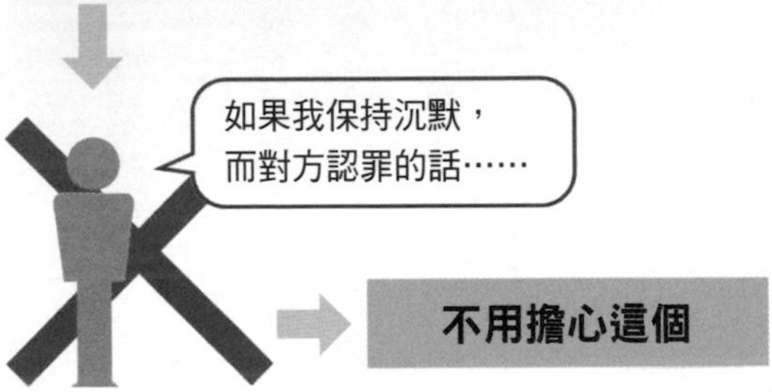
如果我保持沉默，
而對方認罪的話……
不用擔心這個

因為雙方都產生「背叛的話會有損失」的想法，所以二個囚犯都會採取「沉默」。

但是，從賽局理論的觀念來看，陶藝家的行為是很有道理的。為什麼呢？

陶藝家的行為，就像是和會以高價購買陶藝品的客人進行重複賽局。

陶藝家透過砸爛不滿意作品的動作，保證作品的高品質。客人也會因為相信這個品質，願意出高價購入。「他的創作都是名品」這樣的評價成為品牌，也能連結到「這是〇〇的作品」這種如骨董般的價值。

正因為確立了這種信賴感，客人才能安心購買。

短期派遣，對企業沒有好處

這邊再介紹一個也是使用長期關係而解決問題的例子。

自從百年難得一見的經濟不景氣發生，企業雇用問題就成為社會關注的議題了。以製造業為中心，派遣員工和短期勞工被大量解雇，造成很大的社會問題。

經常聽到，「短期雇用只對企業有利，是苦毒勞工的制度」這樣的批評。雖然這有部分屬實，但是要因此逼迫企業改善也很難解決問題。要促進長期雇用，我認為必須確實主張「企業端的好處」。

我在某個電視節目，看到了可以當成解決問題的點子的有趣事例，那是一個致力於重新活化荒廢的森林，並使其有效利用，最後變成一種成功商業模式的人的紀錄片。

一直以來，森林再生事業都採取短期雇用的一日勞工制度。但是，該紀錄片的主人公，革新過去的制度，幾乎將所有人都當成正職員工雇用。錄用方背負著經濟上的風險，當然也遭到周遭的人所反對。

但是，實際開始工作後，和短期雇用的員工不能比的是，豐富的點子不斷誕生，而且工作時的動力也更強了。

就結果來說，不管在經濟上或時間上都更加效率化。

將雇主和受雇者圍繞的賽局構造，有了大幅改變。

過去的短期雇用（一次性賽局）中，雇主和受雇者無法建立真正的合作關係，雙方都著眼於短期利益。

受雇者考慮的是「工作盡可能輕鬆，想要早點回家」，雇主則只煩惱著「如何讓工資更便宜點」。

這樣的賽局構造，讓雙方的利益站在對立面，不可能朝向同一的目標。

這時就該試著改變雇用的方式（賽局的規則）。如果是維持長期關係，勞工的想法就會改變，「公司只要賺錢，自己的將來也會充滿希望」。

除了動機變強，成果也會出現。在讓森林再生事業獲得成功的同時，捨棄過去的做法、從根本改變賽局構造這方面，也讓我大受啟發。

當然，建立長期關係並不能解決所有的問題。更甚者是複雜的狀況交錯，「就算想建立也建立不了」有著這種煩惱的人也很多。

而且，在職場、教育、生活之類等種種場合都發生快速變化的現代，人與人間的連結日漸稀薄，要透過重複賽局的「長期性關係」構造找到解決問題的提示，我覺得是不可能的。

但是，就算是短期的對立關係，因為不停重複而變成合作關係的賽局構造也非常多。透過合作，過去未曾想過的成果也都很有可能出現。

我認為，學習賽局理論的其中一個目的是「找出最適合的解決方案」，因此考慮「**該怎麼做，才能建立合作關係**」也是個重要的思考途徑。

你是否只考慮自己的利益，想和能超越對手的人一起工作？可以的話，我應該不會想和那種人一同工作。我想和能建立長期信賴關係的人一起工作。研究者中也有單純認為賽局理論，就是「超越對手的技術」的人。

但是，我非常肯定，就算學了這樣的技術，在商業上也不可能真的成功。

實際上，有不少經濟學者指出，日本經濟發展飛快的主因為「長期雇用關係和企業間的信賴關係」。「在這家公司工作，令我安心」、「相信員工而交付工作」、「就算沒有厚重的契約書，也能相信交易對象」等。我相信日本是有這樣的文化傳統的。

這樣的文化，毫無疑問的支持著日本的產業發展（也許不是所有產業，但至少也有一種產業）。

確實繼承先人留下的遺產，探索共存共榮的道路，就是生活在現在的我們的重要使命，不是嗎？

從短期雇用（一次性賽局）到長期雇用

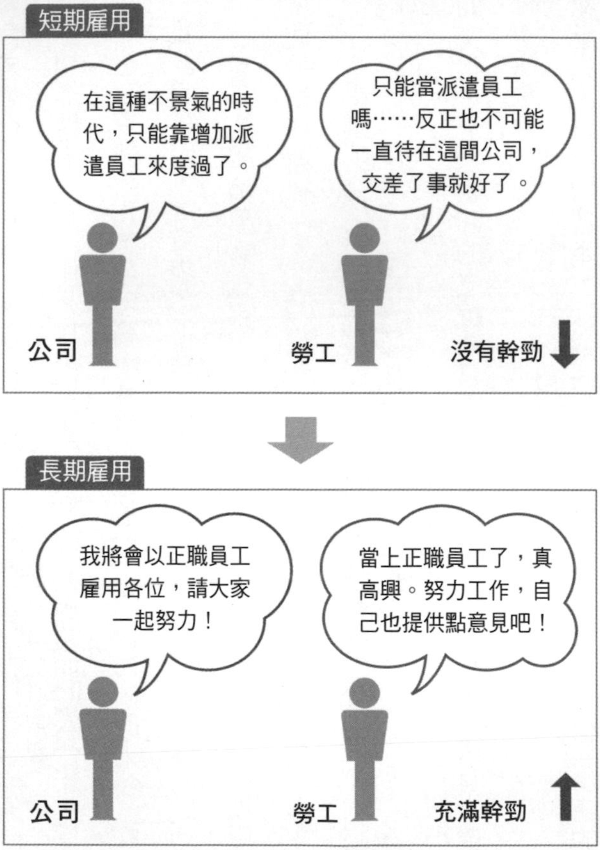
短期雇用
在這種不景氣的時代，只能靠增加派遣員工來度過了。
只能當派遣員工嗎……反正也不可能一直待在這間公司，交差了事就好了。
公司
勞工
沒有幹勁
長期雇用
我將會以正職員工雇用各位，請大家一起努力！
當上正職員工了，真高興。努力工作，自己也提供點意見吧！
公司
勞工
充滿幹勁

第5章

人為什麼無法理性？——情感和賽局理論

CHAPTER 5

人為何無法「理性」？

本書宗旨是帶領讀者一邊學習賽局理論，一邊針對「理解賽局的構造」、「預測未來」、「找到適當的解決方案」進行各種驗證。

前面介紹過的各種事例，都是在某種共通前提條件下成立的。那個條件就是：**玩家只考慮自己的利益，各自做出符合理性的行動**。

例如「囚犯困境」中的玩家，就是為了各自守護自己的利益而陷入二難。而且不管是協調賽局或重複賽局，其基礎都是「只考慮自身的利益」。

經濟學者稱這樣的人為「理性人」，稱這樣的前提條件為「合理假設」。

立基於合理假設的賽局理論，能釐清各種經濟、社會問題的結構，並解決大部分的問題。

隨著賽局理論的發展以及應用範圍的擴大，學者也觀察到許多理性無法說明的現象。

這個結果，使賽局理論研究者走向另一種思考：**人，並非一定只想著自己的利益，然後做出理性的行動。**

反覆研究和驗證的結果，終於讓研究者認識了這個理所當然的事實。

在第五章當中，我們將思考人們的不合理行動。

要以科學角度定義不合理的行動，就某種意義上來說是非常困難的。換個極端一點的說法，就是試著透過邏輯，解釋不合理的行動。

這個試驗有極大的價值，因為人們很容易在不知不覺間選擇損害自己利益的行動。

我打算在最後一章，針對「人的不理性」這件事進行討論。

其實思考「人為什麼會選擇不合理的行動」，是比什麼都有趣的事。各位讀者不妨也與我一同參與。

人能預測未來嗎？——蜈蚣賽局

一開始想要提出的問題是：「為何人看到了某種未來，卻不行動？」如果是從能夠清楚預見未來的人的角度來看，就會覺得奇怪，「為什麼要做這樣的決定？」但其實有極大多數的人都是這個樣子的。

以下介紹能表現這種行動的「**蜈蚣賽局**」（centipede game）。

父親手上有一百枚百圓硬幣，總共一萬圓。

這些錢要分配給A和B兩個兒子，而且要遵循下面的規則。

首先，父親在A的面前放置一枚百圓硬幣。

這個時候，A能選擇「停止」或「繼續」。

如果選擇「停止」，則賽局結束。

A有一百圓，B有零圓。

如果選擇「繼續」，則父親會拿起A的一百圓。而後，加入手上的一百圓，在B的面前放置二百圓。

現在，換B能選擇「停止」或「繼續」。

選擇「停止」的話，就結束了。

但是，B選擇「繼續」的時候，父親只會從B的二百圓中拿起一百圓。然後，再加入一百圓，在A的面前放置二百圓。

選擇「繼續」的玩家會損失一百圓，而那個一百圓會再加入父親的一百圓，放到對手面前。

除非有某一方說了「停止」，或是父親手上的錢發完了，不然賽局將持續進行。

只要對手選擇「繼續」就能一再獲得硬幣，不過一旦下一回合對手選擇「停止」，自己就會損失，這就是蜈蚣賽局的構造。

思考一下這個賽局會發生的結果：

第一回合A選擇「停止」→A得一百圓；B得〇圓
第二回合B選擇「停止」→A得〇圓；B得二百圓
第三回合A選擇「停止」→A得二百圓；B得一百圓
第四回合B選擇「停止」→A得一百圓；B得三百圓
第五回合A選擇「停止」→A得三百圓；B得二百圓
第六回合B選擇「停止」→A得二百圓；B得四百圓
第七回合A選擇「停止」→A得四百圓；B得三百圓

如果進行到最後，結果是「A得四九〇〇圓；B得五一〇〇圓」。

運用前面學過的知識，來預想這個賽局的結果。

這是個擴展型賽局，使用反向歸納更能找到適當的預測。

這個賽局裡最後選擇的是A。而那時A的手上有五十個百圓硬幣，B是四十九個。

如果A選擇「繼續」，就會損失一百圓，賽局結束在「A得四九〇〇圓；B得五一〇〇圓」。所以，A在最後一次選擇時應該要說「停止」。

接著往前推一次，思考B的選擇。

B做選擇的時候，手上有五十個百圓硬幣，A則是四十八個。

如果B選擇「繼續」，一百圓就會被拿起，變成「A得五〇〇〇圓；B得四九〇〇圓」。

下一回合若是A選擇「繼續」，B就會得到「五一〇〇圓」，但前面已經預想A會選擇「停止」。

所以，對B來說，在倒數第二次選擇時，應該要選擇「停止」。

這個賽局是，只要知道下一回合對手會選擇「停止」，就應該在那之前由自己先喊停。

因此，透過反向歸納預測的結果是「A在第一回合就該選擇『停止』」。

在「玩家已經預知未來發展而行動」的前提之下，這是最適當的結果。

但是在實際實驗中，完全沒有一開始就選擇「停止」的人。二方持續選擇「繼續」，進行一段時間後才由某一方提出「停止」，結束賽局。

由此看來，反向歸納的預測，無法適當說明現實中人們的行動。

為什麼會發生這樣的事情？

雖然可以想出幾個理由，但最有力的假設是「**人並沒有辦法預測未來**」。

在實驗現場，當一方喊出「停止」而結束賽局的時候，另一方會因為不能理解原因而暫時沉默。然後在思考一段時間後，才理解賽局的構造「原來是這麼回事」，並非從一開始就預測到賽局的結果。

合理的行動是什麼？——蜈蚣賽局

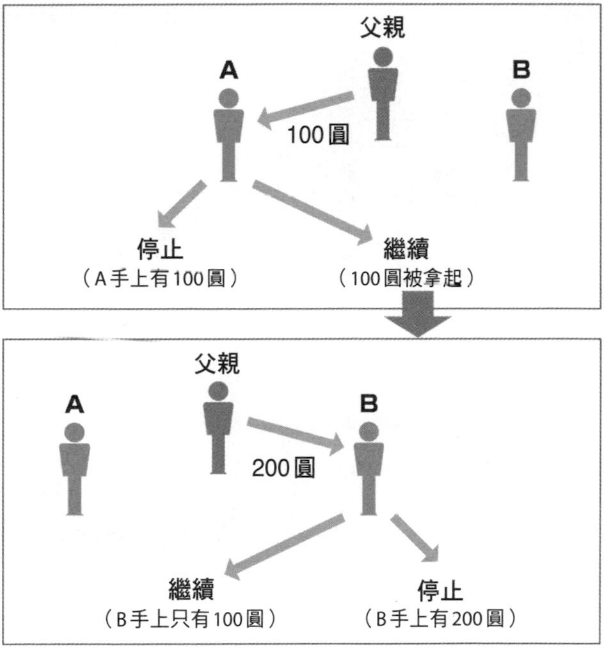

選擇「繼續」的玩家會損失100圓，而那個100圓會再加入父親的100圓，放到對手面前。

拍賣賽局——證明人會從理性到瘋狂

再介紹另一個賽局，這是個稱為「**加價拍賣**[1]」（Escalation Auction）的賽局。和一般的拍賣不同，在競標成功之後，未得標的前一位出價者，需要付出他喊出的價錢，是這個賽局的規則。也就是說，若商品以一千圓成交，前面喊出九百圓的人不只拿不到商品，還必須付出九百圓。

在這規則之下，我們以「一百圓」為商品進行拍賣。

接下來的發展如何呢？當然，從「一圓」開始競標。然後，由不同的人繼續「二圓」、「三圓」地進行下去。

接下來，就是拍賣賽局的有趣（也許是可怕）之處。

拍賣持續進行，接著有人喊出「九十九圓」。就算獲利只有一圓，我們也必須在這裡終止拍賣。

但是，在「九十九圓」之前喊出了「九十八圓」的那個人，就會損失「九十八圓」。

這時，如果接下來那個人喊出了「一百圓」，打算大不了不賺不賠，而喊價「九十九圓」的人若保持沉默，就得付「九十九圓」的全額損失，因此勢必得再喊「一百零一圓」，祭出讓損失停在「一圓」的計畫。「與其沉默而損失九十九圓，不如以一百零一圓買一百圓比較划算」就是他的想法。

這樣一來，後面就是場混戰了。為了減少自己的損失，將會互相提高損失額度，持續進行一個悲慘的賽局。

看的人當然很開心了，但對當事者來說就是個麻煩的賽局構造。

如果是一個能合理預測未來的玩家，在這個賽局該怎麼行動？

可以考慮的選項有二個，一是，在一開始就出價「九十九圓」並確定獲利一圓（同時也讓周圍的人失去參加欲）；二是，完全不參加這個賽局。

1.即「美元拍賣」賽局（Dollar Auction），由美國耶魯大學經濟學教授舒比克（Martin Shubik）於西元一九七一年所提出。

要是喊價比「九十九圓」更低，如果有人喊出比自己高的價格，勢必會陷入如上述的混戰。反正都是要出價的話，就要讓無法預測後續發展的人們認為「已經沒有獲利空間」，然後一開始就出價九十九圓，否則沒有意義。

但是，這個方法稱不上完美。如果運氣不好，遇到一個完全不了解狀況的人突然喊價「一百圓」，結果還是免不了陷入一場混戰裡。

想要避開這種風險，不如從一開始就放棄那一塊錢的利益，不要參加這種賽局吧！

這是能合理預測未來的玩家講的話。如果某人能在「在這個賽局中能確實獲利的方法」的問題中，即刻答出「不參加」的答案，可以肯定他是個很有能力的人。因為大部分的人都只能做到「在適當的時候收手」這種預期。

人，就是只能做到這種預估程度的生物。

對照賽局理論的三個目的，拍賣賽局能得出以下結論：

一、理解賽局的構造 ➡ 雙方都有損失（無人獲利）。

二、預測未來 ➡ 競爭到最後的二人有一方會得到商品（一百圓），但雙方都支付超過一百圓。

三、找到解決方案 ➡ 一開始就不參加。

選舉，就是一場燒錢比賽！

現實生活中的選戰和拍賣賽局的構造很像。

二個候選人為了一個位置競選的時候，雙方都會投入高額資金擴大選戰範圍。

當然，只看投入資金並不能決定選舉結果。但是，愈是要得到大多數人的支持，金錢就愈像是個必需品。如美國的總統大選。

歐巴馬在贏得總統大選時，就有專家公開每個候選人籌募到的資金總額，並分析其募集到的金額對選戰的關聯性。

研究結果是：「**想要獲勝，就得積極募款！**」

但是，一旦敗選，投入的資金就白費了。

和拍賣賽局裡出第二高價的人是相同狀態，那也是喊出驚人價格卻失敗的例子。

就算考慮經濟面，卻也無法敵過「無論如何都要得勝」的想法，因此再加碼也是當然的了。如果對方花一億圓，自己的陣營就要花一億二千萬圓。知道這點的對手再提高到一億五千萬圓時，雙方投入的金額就會愈來愈多、愈來愈多。

就算是個十分誇張的金額，雙方也會因為「我不能輸！」的強烈心理，而無法離開賽局。

不斷加碼的美國總統大選

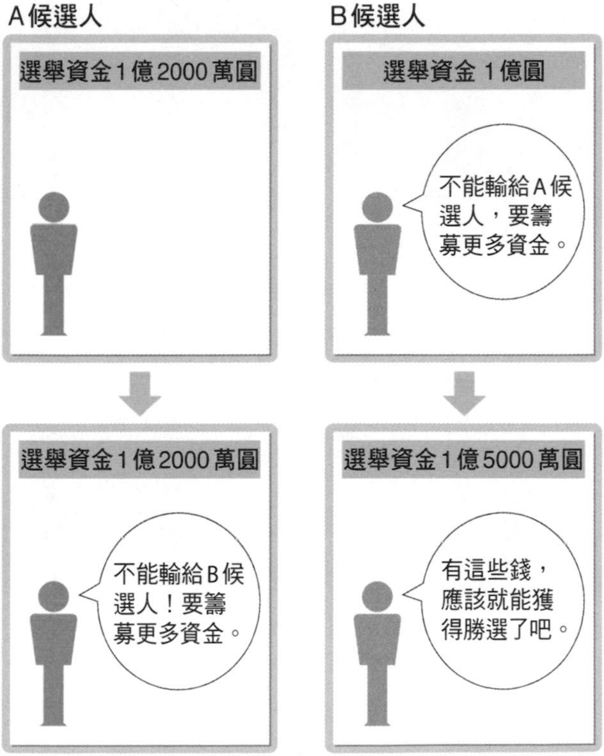
A候選人
B候選人
選舉資金1億2000萬圓
選舉資金 1億圓
不能輸給A候選人，要籌募更多資金。
選舉資金1億2000萬圓
選舉資金1億5000萬圓
不能輸給B候選人！要籌募更多資金。
有這些錢，應該就能獲得勝選了吧。

「不能輸」的心理，會使人失去理性的判斷能力。

泡沫經濟為何一再發生？

說到金額不斷往上堆疊的案例，最先想到的應該就是泡沫經濟吧！二〇〇八年發生史上難得一見的金融危機，基本原因也是泡沫經濟崩壞。明明人類已經不是第一次遇到泡沫經濟，卻還是讓泡沫再起，又再度崩壞。

到底泡沫經濟為何發生？關於泡沫經濟的發生，有各式各樣的研究。因為是許多因素互相作用而發生的，無法以單一簡單的原因解釋它。

但是，「人無法預測未來」的事實，卻也是泡沫經濟發生的一個原因。最近「人無法預測未來」這個理由，成為研究泡沫經濟的有力假設而受到矚目。

曾經經歷過泡沫經濟的人，想必都有某些資產似乎沒有價格上限、沒有設定資產價值的期限，不論何時、何地都有價值持續上升可能的印象。

但是，諾貝爾經濟學獎得主弗農．史密斯（Vernon Lomax Smith），進行了顛覆這個定律的實驗。他建立一個理論上不會發生泡沫經濟的特定實驗環境，檢驗泡沫經濟是否會發生。

我來簡單的描述一下這個實驗。

首先，他建立一個買賣「期限只有十五期的證券，一期是一年」的實驗市場。意即十五年都能得到配額的構造。分配的金額會每年變動，但超過期限後資產價值即歸零。

非常自然的，這個資產的市場價值應該會漸漸下降。因為隨著時間經過，能得到配額的次數所剩不多，所以逐漸失去購買魅力。

但是，在史密斯以學生為對象進行的實驗中，觀察到好幾次買賣開始後約第五期，價格異常上升的泡沫現象。

證明「有限資產」也會發生泡沫現象的實驗，給予經濟學者和金融研究者相當的衝擊。

能夠預測未來的人會知道，總有一天價格會下跌，最終結果是歸零（因為有十五年期的期限）。於是，到最後還持有這份資產的人只有損失。金錢遊戲很明顯就是一種「抽鬼牌」遊戲（輪流抽鬼，誰的手上剩最後一張鬼牌的人便輸），卻也實際存在將資產加上高價的人。

對於一直冷靜俯瞰這個狀態的我們來說，這真是無法理解的行為，但在現實的金融市場卻經常發生類似的事情。

可以說市場上盲目追高、追逐虛幻價值的人，其實很多。

在此奉勸，沒有股票的相關知識，就買賣股票的人要特別注意。

研究金融的人其基本想法是，「未來，以可預想的回饋為基準，計算資產價值」。以這個方式算出的金額為準，「低則買進」、「高就賣出」。而成為基準的，就是「接下來，可預想的回饋」。

雖然是很普通的發想，卻隱藏著重大真理。那就是**現在的價格，不一定**

是資產的正確價值。

資產**目前的價格，不過是對資產價值進行判斷「買或賣」的材料。**

不知道這點就進入市場是非常危險的，大家會在價高時買進的理由，就是因為不了解該資產的真正價值。

如果朋友拿一個完全沒聽過牌子的包包，告訴你「這是我昨天用一百萬圓買的，用九十萬圓賣給你吧」，你會馬上購入嗎？

最起碼，應該也會想要知道那個包包到底有多少價值。但是，實際的金融市場，就理所當然的進行著這種不設防又看似無邪的經濟行為。

不只散戶會追逐趨勢，投資專家也是

光是不曉得資產的合理價值這點，其實無法完整說明發生泡沫經濟的成因。

對於那些引發泡沫經濟的人，他們是怎麼看待「如何預測未來」這件事，其實非常、非常重要。

人在預測未來的時候，總會去回溯過去的變化趨勢，並思考「將來應該也會那樣吧」的傾向。

其實前面提到的史密斯的實驗，也不一定會引發泡沫經濟。

比較引發泡沫經濟的例子和不會引發泡沫經濟的例子之後發現，泡沫經濟發生的例子在初期就會形成「價格上升的趨勢」。

雖然價格上升是一場偶然，但將這個狀態錯認為「趨勢」，或是某種規則，就會開始陷入以後也將持續發生的謬誤。

當然，這個預期是完全錯誤的。因為諸多期間限定的商品，其股票價格會慢慢下跌，最後變成零。

不是只有不懂金融的人會發生這種錯誤，事實上，就算是經濟專家也會犯同樣的錯。

二〇〇八年夏天，原油價格高騰之際，甚至有許多經濟學家預估，該年底石油價格將達到「一桶二百美元」。對原油價格不清楚的人也許無法理解，但二〇〇八年七月的最高價格是「一桶一四七·二七美元」。因為這個價格已經是讓世界驚嘆的數字，所以應該能夠了解「一桶二百美元」，是多麼誇張的價格了吧！

這個預期也是一種左右趨勢的結果。

短期內原油價格就達到那種地步，確實很有可能在年底達到「一桶二百美元」。

儘管如此，只靠趨勢還是不能決定原油價格。如果能分辨決定原油價格的要素，冷靜確認之後的世界情勢，就會建立「現在的原油價格異常，應該調降」的預測。

非常可惜的是，多數專家只看趨勢就預測一桶二百美元。

專家都這樣了，一般投資人當然也會判斷錯誤。

未來，就算經濟學者的研究再怎麼進步，世界經濟應該也不可能完全不出現泡沫化的狀況。但是，個人應該能做到防止泡沫經濟發生。

首先，要做到長期觀察事物，冷靜判斷後續。

並不是要大家積極進行金融投資，但要投資的話，**必須冷靜確認專家的預期，和實際的價格變動是否為短期表現**。如果只是短期變動，卻將之當作整體的賽局構造，將會蒙受極度損失。

理解賽局的構造、預測未來、找到解決方案。

在金融市場，賽局理論的三要素絕對能發揮很大的效用。「人，並不能預測未來」。希望各位讀者，也要將這句話當成箴言，謹記在心。

泡沫一再重演之因：獲利和股價趨勢

如果濫用人會追逐趨勢的心態，企業便能合法創造出泡沫。

請思考以下的例子。

某企業獲利為一千萬圓，股票的價值為每股一百圓。隔年，該企業的利潤成長到五千萬圓，股價也變成五百圓。

此後五年，企業獲利穩定維持在五千萬圓，股價也維持五百圓沒有動。對這個企業來說，五百圓似乎是剛好的股價。對投資人來說，低於五百圓時可買進，高過五百圓則可賣出的選擇也很妥當。

但是，企業的獲利是能夠操作的。明明沒賺錢，卻讓財務報表看起來是黑字雖然會被嚴格追究，但要讓利潤看起來變少，並不是難事。當然，因為還有法律規範，不是想怎麼做就能怎麼做，但要在設備投資、折舊等提高經費以降低獲利，是比較容易的事。

根據這種合法的操作，這個企業的獲利將變成下面這樣。

一開始的獲利，一千萬圓。

隔年的獲利，二千萬圓。
再隔年，三千萬圓。
再隔年，四千萬圓。
再隔年，五千萬圓。

應該一年五千萬的獲利，變成分五年漸漸提高。如此一來，這間企業的股價將如何變化？

可以想見會大幅超過五百圓，甚至提高到八百至一千圓的程度。

因為二個趨勢的關係，使人們受到矇騙。

第一個趨勢是「**獲利趨勢**」，企業創造出表面的穩定獲利趨勢，讓人誤以為是企業的成長。

根據這個趨勢，人們預期「第六年後利益也會持續上升」。一開始的五年間，獲利都穩定的提升，所以這個預期會漸漸變成一種「肯定」，讓股價持續走升。

問題便從這裡開始。

其實，分析企業獲利來決定投資行動，是投資專家在做的事。一般投資人通常不會注意到企業獲利，他們注意的不是企業獲利而是股價。

現實問題是，第六年以後企業成長就會停止，獲利停在五千萬圓。也就是說，「獲利持續上升」這個趨勢，使專業投資人的預期失誤，因為這時的股價，其實應該正在下滑。

而現實的股市，還能觀察到另一種趨勢動態。

第六年以後股價還是上升。因為這個理由，就有了第二個趨勢：「**股價趨勢**」。

這五年來，股價穩定上升，形成了一種趨勢，為數眾多的一般投資散戶，都被這個股價趨勢給騙了。

「因為股價持續五年上漲，以後肯定也會漲的」，這種想法讓交易金額拉得更高，明明已經超出合理價格許多，卻沒人在意。

不知道合理價格的一般投資散戶，因為不知道自己其實弄錯了，便以高價繼續買進股票。這使得股價趨勢成形（或說是助長），形成一個更大的漩渦，於是造就出泡沫經濟。

「你沒想清楚後果」確實是個問題，但我更想強調的是，**「想想其他人沒想清楚後果的可能性」**。

就算正確的理解賽局構造，只要無視「別人也不知道後果」這個事實，就會遭到前所未有的失敗，不管對手是一般人或專家，你所冒的風險都是一樣的。

次級房貸問題、一九八〇年代的日本泡沫經濟、突然聚集世界富人的杜拜經濟，都是受到這兩種趨勢的影響。

人們傾向追逐趨勢，而看不清真實

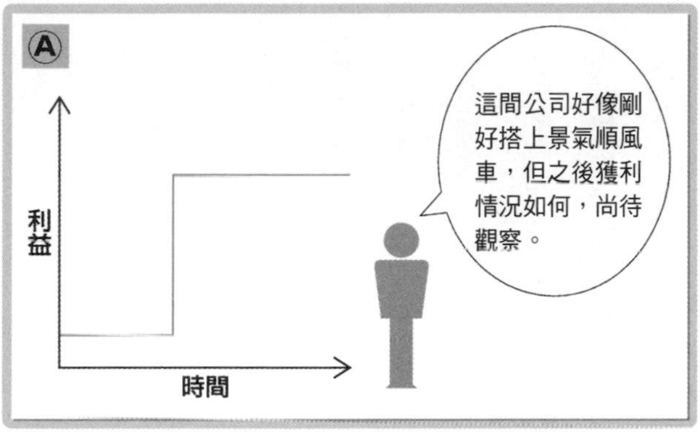

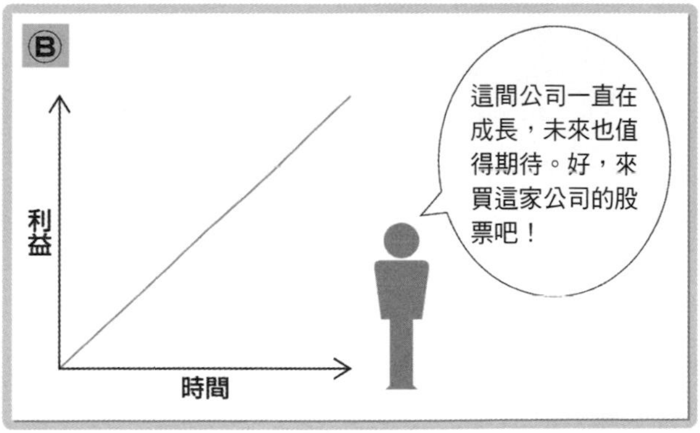

就算實際狀況如A，但只要看起來像B，就能夠操作股價。

當我們試圖預測未來，或是尋求解決方案的時候，必須充分將「別人也不清楚後果」這個前提，放在心中。

只用金錢，無法驅動人心

下一個我想提的論點是，「人並不會只為了金錢而行動」。

只是，經濟學是以「人會為了追逐金錢而行動」為前提而持續進行研究的，一般認定這是促使經濟活動產生的基本條件。

然而，最近在經濟學的領域也注意到「不以追逐金錢為目的的行動」。全世界的經濟學者都認同了這個事實，並繼續研究。

以下將使用「**最後通諜賽局**」，來驗證人們的行動，賽局的詳細內容，請見下頁圖。

可以發現真正「人性」的「最後通諜賽局」

A、B二個玩家分一千圓，其中B決定錢的分配方式，另一方A則有「接受」或「拒絕」兩種選擇。
接受的話就可獲得B決定好的金額；拒絕的話則二人都拿不到錢，此賽局僅限一次。

如果，人是「理性的」

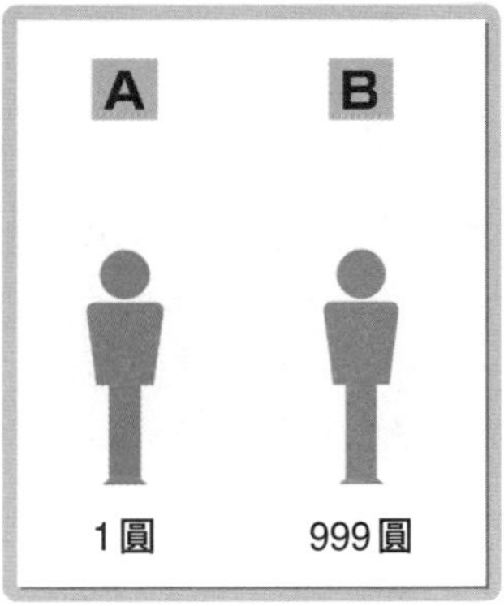

A只有「接受一圓」的提案，或「一圓也不接受」兩種選擇。
若假設人是「理性」的，應該選擇前者。

實際進行賽局

- 提案方B分給A將近一半的金額
- 被提案方A連一圓以上的提案也拒絕

在這個賽局中，各玩家會採取什麼樣的行動呢？

首先，假設每個人都只純粹追求金錢。

分配金錢的人，不管用什麼分配方式都沒關係。就算只配給對方一圓，對方就必須接受。因為只要拒絕，能夠獲得的利益就會全部消失。

如此一來，「合理的」分配方式就是「自己九九九圓，對方一圓」。而且根據理性的判斷，另一位玩家也會接受。因為自己給對方的選擇就只有「接受一圓」和「連一圓也不接受」二種。

考慮到賽局構造的合理性，應該要選擇前者。這是個非常適當的判斷。

但是實際的實驗當中，不論是提案方或被提案方，都做出預料之外的行動。提案的一方，有相當多的人分配將近一半的金額給對方，而且將對方得到的部分設定在「一百圓以下」的反而是極少數。

被提案方的行動就更意想不到了，就算是超過一圓的提案，也有許多人選擇「拒絕」。

只要了解賽局構造的話，就會認為「能得到一百圓是莫大的恩惠」。但是實際上，卻對這個提案不服而選擇「拒絕」。聽說國外的實驗還發生，有實驗對象因為太生氣而將場面弄得一團糟。

和以往固有的金錢價值觀念之預測，有極大落差。我想各位讀者，在這個狀況下，應該也會提出相當程度的金額給對方吧！

根據這個結果，經濟學家預測是因為「會給對方不算少的金額，是因為不這麼做，對方就會生氣拒絕」。

說起來好像是這麼一回事，如果讓對方生氣，談判就會破裂，自己也拿不到錢。所以為了不讓對方生氣，小心的讓事情順利進行更重要。

為了檢驗這個假設，經濟學家又設計一個新賽局：「**獨裁者賽局**」（dictator game）。

同樣是二個玩家分一千圓。一方決定分配的方法，另一方則接受該方法。

賽局內容就只有這樣，是個不知道到底能不能稱為賽局的狀態。單純的由一方決定分配方式，然後將錢交給另一方。

對決定分配方法的一方來說，不需要考慮到對方的情緒，不給予對方否決權，自己的決定就是絕對的。如文字敘述，就是個獨裁者賽局。

那麼，在這個賽局，玩家會做出什麼樣的行動？

實驗後發現，有相當多人會給予對方一定程度的金額。不是為了「不讓對方生氣才能保住自己的利益」這種理性原因，而是因為更有人情味、更有情感的心理作用。

人，會因「和對方合作」、「讓對方高興」或是「得到對方認同」而感到喜悅。有時候，這些會比金錢的價值更受到人們重視。

或許有人在提到「人心」時，會將它分類在不屬於經濟領域的元素。但實際上，**人的情感和精神上的滿足度都會大幅影響經濟活動**。

3M的獎勵制度：以人為本，不花一毛錢

美國化工製品公司3M，在全世界都有生產、販賣據點，以文具，電器用品、醫療器具、建築用建材、汽車零件等化學用品為中心，開發、生產各式各樣商品。

這個公司非常重視技術革新。而想要做到技術革新，員工的靈活發想是當然的，更重要的是對工作抱有高度熱情。因此，公司為了讓員工對工作有更高的熱忱，積極的調整人事酬庸結構。

得知調整的內容，我大吃一驚，比起金錢報酬，他們更著墨於提高員工的心理滿意度，像是「高度表揚達到任務的人」或「給予榮譽地位」。

這個做法提高了員工的拚勁，更連結到實際業績。因為比起金錢價值，他們更以精神滿足度為優先。

不只3M，以金錢以外的激勵提高員工工作動力的公司正在增加。

泡沫經濟崩裂後，許多日本企業引進美式經營，讓個人主義和成果主義急速擴展。

如果人只以金錢為目的工作，成果主義就是個能激發努力和欲望的優良構造。

但是，大多數導入成果主義的企業都產生各式各樣的問題。因心理壓力造成的自殺、過勞死、優秀員工離職、冷清的職場氛圍，以及這些因素引起的生產力低下、瑕疵品等問題層出不窮。

因此，身為經濟學家的我們認識到，成果主義的失敗不是因為人只以金錢為目的而工作。「與人合作達成某個目標」、「讓顧客歡喜」、「在公司內被需要」等，人們能夠在工作中感受到各種喜悅。錢當然很重要，但與其只憑藉金錢讓人行動，個人價值的認同其實更能有效加強工作動機。

人們究竟追求什麼？又因為什麼感到歡欣呢？

想知道答案，就必須正確的理解賽局的構造。雖然和一般賽局理論的要素有些許不同，但我認為**理解人心，絕對能更正確的預測未來，找出更適合的解決方案**。

投資社會貢獻基金的理由

過去的經濟學，無法將「捐贈」視為分析對象，因為捐贈這個行為偏離古典型態的經濟活動。

所謂古典型態的經濟活動，是指利用他人捐贈而創造的設備或設施，連結到自己的利益。

但是，捐贈這個行為也無法完全脫離經濟學的範圍。

因為巧妙利用捐贈心理（或是與之相近的情感）的經濟活動，實際上正在發生。

最顯著的例子，就是「社會貢獻基金」。

基金，是指向投資人蒐集來的資金，再投資到某個企業或團體，而後從中獲得的利益則再次分配給投資人的資金運作制度。

社會貢獻基金制度中有個特殊規定，那就是「只限投資對社會貢獻有功的企業或團體」。

原本，基金的大前提是在可能賺錢的地方投入資金。換個比較不嚴謹的說法，就是「只要是能賺錢的地方，企業體制什麼的根本無所謂」。

但社會貢獻基金不一樣。

在投資對象的選擇，還附加了「貢獻社會」這個條件。因為這樣的投資選擇標的條件，投報率不彰也是理所當然的。

儘管如此，社會貢獻基金最近還是有著高人氣。

到底是為什麼？

我想是因為投資人的心理狀態使然。社會貢獻基金，是一種「既然都要讓資金活化，那我想要為社會所用」這種近似捐款的發想。「如果以捐款的想法做投資，之後又賺錢，那不是很棒嗎」我認為投資人的思考方式是這樣的。

另一種是「不想當輸家」的心情使然。

不知各位讀者是否能了解這種心情呢？

投資專家當中，確實有著比起實際受挫，更討厭讓周圍視為「輸家」的人。周遭都當他們是失敗者，是使他們自尊更受傷的原因。

而能補償這樣的心態的，就是社會貢獻基金。

基本精神和捐款相似，就算出現損失，也能笑著表示「那筆錢是為了貢獻社會拿出來的，利益不是我的第一考量」。

若是成功的話，則能說出「即使是社會貢獻基金這種高風險的商品，我也辦到了」（實際上，社會貢獻基金也有不遜於一般基金的報酬率）。

隨著了解投資人的心理，也許有人覺得「有錢人的想法真是不可思議」。

但他們絕不認為這很特別，反而日本就有很多這種類型的人。

在日本，認為「比起失敗本身，周圍的人認定自己是失敗者才更討厭」的人，其實所在多有。

而日本人的這種國民性格，更是和社會貢獻基金一拍即合。

除了社會貢獻基金，一定也有考慮人的情感或國民性而誕生的新商機。或是，考慮到員工的心情，而建立更有成效的人事制度。

3M的人事策略或社會貢獻基金，就給了我們這樣的啟示。

沒有錢，能做的事還是很多，只要能夠驅動人心，從根本改變賽局構造的例子要多少有多少。

放下過去的成見，重新思索「人是如何行動的」、「什麼樣的東西才稱得上有價值」，如何？

〈結語〉

賽局不脫人性，兼顧情理才是解題關鍵

本書的宗旨，是帶領讀者一邊學習賽局理論的思考法，一邊培養「理解賽局構造問題分析能力」、「預測未來走向的預估能力」以及「尋找最佳解決方案的問題解決能力」。

我有自信讀者們在看完本書之後，將來一定會在各種場合都能有所幫助。更進一步的是，千萬別忘記顧慮人與人間的情感。在第五章中提及的內容，有許多屬於行動經濟學的話題。

所謂行動經濟學，是從心理層面研究人類的經濟活動，目前正受到全世界的矚目。

由此可知，人的情感對於經濟活動有相當大的影響。

看看現今發達的工業社會，我們似乎反而缺少關懷他人的心情，這也使得種種問題層出不窮。

二〇〇八年，秋葉原發生慘烈的無差別殺人事件，原因之一就是沒有重視人的心理狀態。

儘管日本在世界上屬於已開發國之一，但根據一份調查顯示，在「對工作的滿意度」方面，卻是世界四十三個主要國家當中敬陪末座的。

現在不正是我們認真思考「自己（或是國家）追求的是什麼樣的社會」，是否該採取行動的時候嗎？

只是被動的接受安排好的賽局，隨著時間遞嬗，也會有走上壞均衡的危險。說不定現在的日本，就是因為全盤接收歐美的制度，才變成失敗的協調賽局構造。

要脫離這樣的狀態，必須自己決定前進的方向，並為其制定新的規則，大家齊心協力往好的方向協調（同調）。

若是只有一個人採取行動，是得不到滿意結果的。更重要的是，聚集更多人，創造更大的潮流。

我希望讀者們學習賽局理論之後，行有餘力之餘，也思考看看是否有解決大型社會問題的契機。

我很幸運的在攻讀研究所時，得到日本最具代表性的三位賽局理論研究者：松井彰彥老師、神取道宏老師、松島齊老師的指導，和在賽局理論研究會一起學習、討論的夥伴們，也給予我極大的啟發。

本書是以我在那裡學習到的東西，以我自己的方式重新組合，再介紹給各位讀者的。我想在本書的最後，對照顧我的老師和同學們表達感謝。

本書出版前得到中經出版的中村明博先生幫忙，寫作時又得到飯田哲也先生的建言，我想再特別對這二位致意，非常感謝。

所有問題，都是一場賽局

贏家邏輯——洞悉高勝算決策，操縱與雙贏的策略思考

ゲーム理論の思考法

作　　者　川西諭
譯　　者　高菱珞
主　　編　林玟萱

總 編 輯　李映慧
執 行 長　陳旭華（ymal@ms14.hinet.net）

社　　長　郭重興
發行人兼出版總監　曾大福
出　　版　大牌出版 / 遠足文化事業股份有限公司
發　　行　遠足文化事業股份有限公司
地　　址　23141 新北市新店區民權路 108-2 號 9 樓
電　　話　+886- 2- 2218-1417
傳　　真　+886- 2- 8667-1851

印務經理　黃禮賢
封面設計　張天薪
印　　製　成陽印刷股份有限公司
法律顧問　華洋法律事務所　蘇文生律師

定　　價　360 元
三　　版　2020 年 06 月

國家圖書館出版品預行編目資料

所有問題，都是一場賽局：贏家邏輯——洞悉高勝算決策，操縱與雙贏的策略思考 / 川西諭 著；高菱珞 譯. --
三版. -- 新北市：大牌出版；遠足文化發行，2020.06
面；　公分
譯自：ゲーム理論の思考法
ISBN 978-986-5511-20-3（平裝）
1. 經濟學　2. 博奕論

550　　109005792